国家出版基金项目
NATIONAL PUBLICATION FOUNDATION

中国粮食经济与安全丛书

粮食安全战略下
农业基础设施建设对
粮食增产效应的研究

孙志娟　著

中国农业出版社
北　京

总　序

　　粮食事关人民健康、经济发展、社会稳定，粮食安全直接影响人民生命安全、经济安全乃至国家安全。粮食安全影响中国，也影响世界；影响当前，也影响未来。

　　新中国成立 75 年来创造了中华民族农业史上的四个里程碑：彻底摆脱了持续数千年的饥饿困扰，彻底结束了持续 2 000 多年交"皇粮"（农业税）的历史，基本结束了持续数千年"二牛抬杠"依靠畜力耕地的历史，彻底消除了现行标准下的绝对贫困。2021 年，我国人均粮食占有量已经达到 483 千克，超越了联合国粮食及农业组织规定的人均 400 千克粮食占有量的温饱线（吃饱线），但距发达国家人均消费粮食 800 千克左右的"吃好线"还差 317 千克。可见，"吃饱没问题，吃好要进口"是中国粮食安全的基本国情，粮食安全问题将长期存在，我国必须走出一条具有中国特色的农业发展、粮食安全的发展道路，牢牢地把饭碗端在自己手中。

　　未来，粮食安全问题将更为突出，粮食安全鸿沟将长期存在，粮食安全将长期困扰人类生存与发展。当前，世界上 78.9 亿人中仍有 8.28 亿人没有吃饱，未来还将出生的 25 亿人吃什么？世界粮食安全期待第三次绿色革命，期待填平粮食安全鸿沟，期待人类粮食命运共同体的诞生！

　　在国际环境日益复杂多变的形势下，推动粮食产业高质量发展、稳住"三农"基本盘是应对国内外各种风险挑战、保障国家经济安全的战略要求。确保国家粮食安全，既需要足够的粮食产量和合理库存作为前提，又离不开相应的加工流通能力和产业链掌控能力。在复杂的地缘政治环境和不确定的贸易政策形势下，我国 1 亿多吨的粮食进口面临着国际粮源与供应链中断风险；在农业资源约束趋紧、粮食供需错配的背景下，6亿多吨的消费量、3亿多吨的存储量、2.4亿吨的跨省物流量，给国内粮食生产、收储、加工、流通带来了巨大压力和挑战。我国既可能面临国际市场风险加剧、国际供应链中断所带来的防御型安全威胁，又可能面临"谷贱伤农""米贵伤民"在粮食生产、流通领域的管理型安全威胁，必须统筹好粮食生产、储备、流通、贸易，大力发展粮食产业经济、健全粮食产业体系。

第七次全国人口普查数据表明，我国人口总量将在2025—2030年达到峰值14.5亿人，以人口老龄化为核心的人口结构性矛盾日益突出。为应对人口峰值和老龄化所形成的粮食安全保障与消费新需求，必须谋划粮食安全保障新战略和粮食产业发展新方式。同时，随着居民收入增长与消费升级，口粮直接消费（面粉、大米）逐步减少并趋于稳定，肉蛋奶的消费总体仍呈上升趋势，未来我国粮食消费结构中，除了主粮、饲料粮，蛋白饲料、能量饲料等需求将呈持续增长趋势。2021年我国人均国内生产总值（GDP）已达到12 551美元，但距高收入国家标准还有不小的差距。经验表明，进入高收入国家，食物消费结构将发生较大变化。目前，我国粮食需求仍然处于上升通道，保障粮食供应的任务十分艰巨，但同时也为粮食产业链的转型升级、高质量发展提供了战略性机遇。

产业强、粮食安，习近平总书记多次对粮食问题作出重要指示，强调抓好"粮头食尾""农头工尾"，抓住粮食这个核心竞争力，延伸粮食产业链、提升价值链、打造供应链，深入推进优质粮食工程，做好粮食市场和流通的文章，为保障国家粮食安全、加快粮食产业高质量发展指明了正确方向，提供了根本遵循。

为深入贯彻习近平总书记关于保障粮食安全的重要论述，全面系统研究中国粮食经济与安全领域的关键性理论问题，更好地支撑粮食经济与安全发展，中国农业出版社组织编写了"中国粮食经济与安全丛书"。该丛书围绕"立足新发展阶段、贯彻新发展理念、构建新发展格局、推进高质量发展"，在粮食产业高质量发展评价体系设计与应用的基础上，从流通、贸易、金融化、储备、基础设施、经济史等方面按照"高质量发展及支持政策的问题识别→解决短板、实现高质量发展的路径设计与机制识别→保障高质量发展的推进策略"的思路，进行流通、贸易、金融、储备、基础设施等关键环节的政策效果评估和路径优化研究，有利于构建链条优化、衔接顺畅、运转高效、保障有力的粮食产业体系，进而实现我国粮食安全保障战略和粮食产业高质量发展。该丛书共7册，分别为《粮食安全视角下中国粮食储备管理制度与风险防范研究》《"双循环"下中国粮食流通体制改革与创新研究》《地缘政治风险影响中国粮食价格的传导机制与实证研究》《中国跨国粮食供应链构建的现实逻辑与路径优化》《中国粮食生产高质量发展研究》《粮食安全战略下农业基础设施建设对粮食增产效应的研究》《中国粮食经济史》，是国内首套中国粮食经济与安全的系统性著作。

该丛书的顺利出版，对于构建具有中国特色的粮食安全与产业高质量发展理论体系、深化对以粮食为客体的若干重大关系的认识、破解粮食产业高质量发展政策目标错位的难题、指导粮食产业高质量发展评价等都具有重要意义。该丛书既可为我国粮食战线广大干部职工和科技人员学习研究提供参考，又可为政府部门制定与完善我国粮食安全战略和推动粮食产业高质量发展政策措施提供借鉴。

手中有粮，心中不慌。我国粮食安全问题是一个需要持续关注的兼具理论性和现实性的战略问题。该丛书对于相关问题的研究不免挂一漏万，希望更多的专家学者关注、研究中国粮食安全问题，为"中国人的饭碗任何时候都要牢牢端在自己手中，我们的饭碗应该主要装中国粮"作出新贡献。

清华大学国际生物经济中心主任

前　言

国以民为本，民以食为天。2015 年 7 月 1 日正式实施的《中华人民共和国国家安全法》明确提出"国家健全粮食安全保障体系"以来，粮食安全就上升为国家安全战略的重要组成部分。习近平总书记多次强调"要切实保障国家粮食安全"、要真正做到"手中有粮，心中不慌"，要毫不动摇地坚持最严格的耕地保护制度和节约用地制度，坚决守住守牢耕地保护红线和粮食安全底线。确保国家粮食安全是一项大的战略工程，不仅需要保障总量的安全，还需要实现结构的安全；不仅需要保障数量的安全，还需要确保质量的安全；不仅需要保障生产的安全，还需要保证供给的安全；不仅需要保障当下的安全，还需要保障持续长久的安全。

同时，党和国家也多次强调应积极建立健全重点水利工程规划实施机制，完善农业基础设施建设，确保农业生产资源不减少，严守耕地红线和永久基本农田控制线，进而稳定并增加粮食播种面积和产量；应探讨破解制约现代农业发展的体制机制障碍和深层次矛盾，顺应时代发展新形势，实施"以我为主，立足国内，确保产能，适度进口，科技支撑"的国家粮食安全战略，积极推进农业现代化改革。应充分发挥农业基础设施建设的科技支撑作用，高度重视农业基础设施建设对粮食增产的促进作用，毫不放松抓好农业基础设施建设和粮食生产。粮食安全关乎国计民生，任何时候都应高度重视，不能轻言过关。必须坚定方向和信心，守住"谷物基本自给、口粮绝对安全、重要农副产品供应充足"的安全底线，把握住粮食安全的主动权，牢牢把饭碗端在自己手中。

本书在全面梳理基础设施与经济发展的相关研究的基础上，先结合公共产品模型评估了灌溉设施、农村公路对中国省级农业经济增长的影响，然后，总结归纳灌溉设施、农村公路的农业生产效应的作用机制，从经济学的视角明确农业基础设施对农业发展影响的主要体现，并从技术效率、生产成本和种植业结构等方面进行实证研究。农业基础设施作为农业经济发展的"先行资本"，一直以来都被学术界和政府高度关注，在中国当前粮食安全受到严峻考验，同时又面临农业供给侧结构性改革和实施乡村振兴战略的大背景下，关于科学建设农业基础设施、保障国家粮食安全的研究显得尤为重要。本书在全面梳理农业基础设施与粮食增产相关研究的基础上，创新性地从宏观和微观两个视角分析了农业基础设施对粮食增产的作用机制，并构建了"总体效应—长期与短期效应—类型差异效应—区域差异效应—项目覆盖效应"五位一体的效应评估框架，得到如下几点研究结论与启示：

首先，农业基础设施建设对我国粮食生产存在较显著的正向影响。

依托农业基础设施建设对我国粮食生产的总体效应评估可知：第一，农业基础设施能够较显著地促进粮食增产，农业基础设施与粮食产出间存在较显著的正相关性。第二，从粮食增产视角来说，农业基础设施投入在粮食主产区和产销平衡区具有较高的效率，而在粮食主销区则效率低下。因此，本书认为，应逐步加大对农业基础设施的有效供给，进而提高粮食综合生产能力；同时，在投资建设以保障粮食安全为目标的农业基础设施时，应做好区域优先次序规划，公共投入应优先粮食主产区，然后才是产销平衡区；再者，应提高农业基础设施的管护水平，延长农业基础设施促进粮食增产的年限。

其次，农业基础设施建设对我国粮食生产的影响存在地域差异性。

20 世纪 90 年代以来，我国各级政府均加大了灌溉设施、公路设施等基础设施投资，这种投资对面临农业边际收益下降、生产所需资源匮乏、环境破坏和污染加剧的农业和农村可持续发展意义深刻。运用面板回归模型分析灌溉设施、以等级公路为主的农村公路、等外公路农业基础设施变量对 2000—2021 年我国整体及东、中、西部地区粮食生产的影响，结果表明：灌溉设施、等外公路、等级公路对中国农业 GDP 有正向促进作用。其中，灌溉设施、等级公路、等外公路的作用在地区层面分别体现在中部地区、西部地区、东部地区。因此，国家层面重点投资中部地区的灌溉设施、西部地区的等级公路，东部地区通过制度层面的激励措施引导各级政府、社会组织或个人投资等外公路建设，有助于促进我国粮食增产提效。

再次，农业基础设施通过对其他要素的替代或与其他要素互补促进了我国粮食增产。

基于2000—2021年我国省级面板数据，分析灌溉设施、农村公路对农业生产要素投入的替代效应或互补效应，并将粮食生产影响因素分解为技术进步、规模经济、灌溉设施的贡献、农村公路的贡献四个部分。研究结果表明：灌溉设施、农村公路对农业生产过程中的劳动力、固定资本分别具有替代效应和互补效应，降低了以劳动力和固定资本为主要组成部分的省级农业生产成本；灌溉设施和农村公路促进了粮食增产，且农村公路的作用较大，这意味着加强灌溉设施、农村公路的建设有利于促进粮食生产过程中固定资本对劳动力的替代，优化生产要素投入组合，提高粮食产量。

最后，农业基础设施对我国省级种植结构的影响存在地区差异性。

基于2000—2021年除香港、澳门和台湾以外的全国31个省份的面板数据，分析灌溉设施、农村公路、等级公路对我国整体及东、中、西部地区种植结构的影响。研究结果表明：等级公路降低了中国粮食作物的种植比例，在地区层面，等级公路对东、西部和中部的粮食作物种植分别有负向作用、负向作用和正向作用；灌溉设施降低了中部地区粮食作物种植比例；等外公路降低了中、西部地区粮食作物的种植比例。为此，建议以基础设施建设作为保障我国粮食安全的一般服务支持措施，重点在东、西部地区建设农村公路，并将建设力度适度向西部倾斜；在中部地区，通过转移富余农业劳动力，实现农业种植的规模化经营和粮食作物种植面积的提高或稳定。

本书通过基于2000—2021年我国省级面板数据的实证研究与基于我国农业基础设施现状和需求的规范研究，得出部分研究结论，并借鉴其他国家和地区的经验，探析了针对农村公路和灌溉设施的政策框架。但是，受主观原因和客观条件限制，本书仍存在一定的不足，有待今后进一步加大研究力度。

在分析农业基础设施对粮食增产的效应时，还存在如下不足：①没有将地区经济发展状况、时间趋势等影响基础设施生产效应的因素纳入计量模型；

②小型农田灌溉设施是未来中国灌溉设施建设的重点领域，本书未具体测算小型农田灌溉设施对粮食增产的贡献。

生产成本只是农业基础设施影响粮食生产的一个方面，尚有待从以下方面深入研究：①利润是农业可持续发展的生命线，其由成本和收益共同决定，本书未能分析农业基础设施对粮食生产利润的影响；②根据农业基础设施的不同种类，从微观视角分析其对不同产业生产的影响，有利于降低遗漏重要变量的风险，但由于缺乏农户数据，本书未能从微观层面分析农业基础设施对微观生产者成本的影响。

完善的灌溉设施硬件是农业内部、其他非农产业与全社会有效分配和利用的前提条件。在分析灌溉设施对种植结构影响的过程中，还有待从以下方面深入研究：①没有从农户层面考察灌溉设施对种植结构的影响。在种植结构调整过程中，作为决策主体，农户的行为受到内部因素、外部因素及技术因素等的影响，本书未能具体探讨农户层面行为的影响因素。②忽略了气候变化对种植业结构的直接或间接影响。气候变化导致的平均降水量、季节性分布、水源酸碱度等灌溉条件的变化也会引发种植业结构调整。此外，高温、暴雨等气候变化加速基础设施的损坏或折旧，也间接影响了农业种植结构的调整。本书未能将气候条件变化对种植结构的影响考虑进来，有待后续研究进一步完善。

著　者

2022 年 6 月 8 日

目 录

第一章
相关界定与理论基础

国以民为本，民以食为天。自 2015 年 7 月 1 日正式实施的《中华人民共和国国家安全法》明确提出"国家健全粮食安全保障体系"以来，粮食安全就上升为国家安全战略的重要组成部分。近 10 年的中央 1 号文件，内容均是紧扣农业和粮食主题。习近平总书记多次强调，"要切实保障国家粮食安全"、要真正做到"手中有粮，心中不慌"，要毫不动摇地坚持最严格的耕地保护制度和节约用地制度，"坚决守住守牢耕地保护红线和粮食安全底线"。随着近年的中央 1 号文件及《国家粮食安全中长期规划纲要（2008—2020 年）》的实施，国家的"藏粮于地、藏粮于技"战略得到了有效实施，粮食产能进一步提高，取得了粮食产量"十七连丰"的好成绩，有效保障了谷物基本自给，口粮绝对安全。2022 年时任国务院总理李克强在黑龙江同江、抚远、哈尔滨等地考察时，也多次强调应积极建立健全重点水利工程规划实施机制、应探讨破解制约现代农业发展的体制机制障碍和深层次矛盾，积极推进农业现代化改革。

第一节　新时代国家粮食安全战略的提出

确保国家粮食安全是一项大的战略工程，不仅需要保障总量的安全，还需要实现结构的安全；不仅需要保障数量的安全，还需要确保质量的安全；不仅需要保障生产的安全，还需要保障供给的安全；不仅需要保障当下的安全，还需要保障持续长久的安全。"十四五"规划纲要明确提出，实施"以我为主，立足国内，确保产能，适度进口，科技支撑"国家粮食安全战略，体现了我国粮食政策的高度一致性和连贯性。同时，实施国家粮食安全战略也是顺应时代发展新形势的必然产物。应毫不放松抓好粮食生产。粮食安全关乎国计民生，任何时候都应高度重视，不能轻言过关。必须坚定方向和信心，守住"谷物基本自给、口粮绝对安全、重要农副产品供应充足"的安全底线，把握住粮食安全的主动权，牢牢把饭碗端在自己手中。为此，既要确保农业生产资源不减少，严守耕地红线和永久基本农田控制线，稳定并增加粮食播种面积和产量；又要落实属地责任、突出责任担当，继续强化粮食安全省长责任制和"菜篮子"市长负责制，实行党政同责，确保粮食生产政策的落地和落实。只有这样，才能不断提升国家粮食安全的能力与水平，才能确保中国人的饭碗中主要装中国粮。

一、新时代国家粮食安全战略的产生背景

（一）历史教训的深刻反思

国以民为本，民以食为天。纵观人类发展的历史，因粮食危机导致饥荒、社会动乱、战争乃至政权更迭的现象屡见不鲜。春秋战国时期，齐国以粮食为武器，先后"服帛降鲁梁""买鹿制楚""买狐降代"。在西方，古罗马帝国因建立了较为完善的粮食生产供给体系而称雄三洲、绵延三百余年，但后期对于粮食安全的疏忽也是导致帝国灭亡的一个重要原因。新中国成立初期，当时的粮食生产能力较为有限，吃饭问题成为困扰党和政府的一件头等难事。历史的教训告诉我们：粮食是人类生存的根本，粮食安全是社会稳定、政权巩固的根本保障。人无远虑，必有近忧，历史悲剧决不能重演。鉴于人类历史上因粮食安全问题而引发的悲剧，习近平总书记指出，"要牢记历史，在吃饭问题上不能得健忘症，不能好了伤疤忘了疼"。因此，"保障国家粮食安全是一个永恒课题，任何时候这根弦都不能松"[1]。

（二）粮食生产面临的严峻挑战

随着农村改革不断推进，我国粮食生产状况发生了深刻的变化。特别是自2004年以来，随着政府惠农政策支持力度加大，我国粮食产量实现"十七连丰"。但是，随着工业化、城镇化的不断推进，我国粮食生产面临的挑战十分严峻，主要表现为"五个并存"[2]：一是农产品供求方面，人口数量增长和消费结构升级引发农产品需求的刚性增长与土地、淡水等资源硬的约束趋紧并存；二是农产品总量平衡方面，需求增长和资源减少导致农产品供求处于紧平衡状

---

① 中共中央文献研究室编：《十八大以来重要文献选编（上）》，中央文献出版社，2014 年。
② 韩长赋：《全面实施新形势下国家粮食安全战略》，《求是》，2014 年第 19 期，第 27-30 页。

态和部分农产品缺口较大导致的结构性紧缺并存；三是成本与效益方面，农资、土地、人工等生产要素价格上涨与农产品比较效益偏低甚至下降并存；四是农业生产经营方面，农村劳动力向非农产业转移导致农村劳动力出现结构性短缺与人均耕地少、家庭小规模经营并存；五是农业生产条件方面，农业基础设施薄弱与气象、生物等自然灾害频发并存。粮食生产面临的严峻挑战对我国继续保持粮食发展的良好势头产生强大的压力，习近平总书记指出，"总体看，我国粮食安全基础仍不稳固，粮食安全形势依然严峻，什么时候都不能轻言粮食过关了"①。

（三）新时代国家发展的战略需要

我国正处在全面建成小康社会后，中国共产党将率领全国各族人民为实现第二个百年奋斗目标而努力奋斗，踏上全面建设社会主义现代化国家新征程，实现中华民族伟大复兴的关键时期。实现第二个百年奋斗目标和中华民族伟大复兴必须以粮食安全作为战略支撑。从国内来看，"粮食问题不能只从经济上看，必须从政治上看，保障国家粮食安全是实现经济发展、社会稳定、国家安全的重要基础。"②粮食安全得不到保证，全面建成社会主义现代化强国、实现中华民族伟大复兴便无从谈起。从国际来看，粮食已成为大国之间博弈获取经济乃至政治利益的重要筹码，很显然粮食安全已成为最重要的国家安全战略。中国是世界上人口第一大国，一旦粮食出了问题，我们在国际上就处于被动的地位，进而影响国内稳定与发展，影响实现第二个百年奋斗目标和中华民族伟大复兴的进程。国内外发展的形势表明，粮食安全是压倒一切的国家战略底线。因此，着眼于新时代国家发展大局，必须构建适应新时代需要的国家粮食安全战略。

二、新时代国家粮食安全战略的科学内涵

面向新时代，习近平总书记提出了"以我为主、立足国内、确保产能、适度进口、科技支撑"的国家粮食安全战略③，并紧密结合国内外发展的现实，对这一战略作了全面、深入的分析和论述。新时代国家粮食安全战略是国家粮食安全战略思想的核心内容，具有丰富的科学内涵。

---

①②③　中共中央文献研究室编：《十八大以来重要文献选编（上）》，中央文献出版社，2014年。

（一）掌控主动权，以我为主

坚持"以我为主"基于以下方面的考虑：第一，粮食是人类生存的根本。粮食是人类生存的必需品，是关系国计民生的重要战略物资，具有不可替代性。第二，粮食是维护社会稳定和国家发展的根本保障。粮食是特殊产品，不仅具有经济意义上的食物属性，还具有政治属性、军事属性。安谷则昌，绝谷则危。一旦出现粮食危机，不仅影响老百姓的吃饭问题，还会引发社会不稳定，甚至在国际上被别国用来作为遏制我国发展的"武器"。第三，我国粮食需求量大。中国是世界粮食消费量第一大国，每年的粮食消费量占世界粮食消费总量的1/5。并且，"随着人口增加、城镇化推进、人民生活水平提高，粮食需求量将呈刚性增长趋势"[1]。第四，我国粮食供求处于紧平衡状态。尽管我国粮食连年增产，但各种资源要素已绷得很紧，难以在高起点上继续保持增长势头。随着粮食需求的刚性增长与粮食增产难度的日益显现，我国粮食供求在很长一段时间内都将处于紧平衡状态。鉴于粮食安全的极端重要性，以及我国粮食安全的严峻形势，习近平总书记指出，"我们的饭碗必须牢牢端在自己手里，粮食安全的主动权必须牢牢掌控在自己手中"[2]。

（二）把握立足点，立足国内

掌控粮食安全主动权，须立足国内解决我国人民的吃饭问题，我们的饭碗应该主要装中国粮，这是中国必须坚持的大政方针。第一，粮食不能基本自给就会受制于别人。"靠别人解决吃饭问题是靠不住的。如果口粮依赖进口，我们就会被别人牵着鼻子走"[3]。第二，粮食基本自给是大国走向强国的根本保障。习近平总书记指出："世界上真正强大的国家、没有软肋的国家，都有能力解决自己的吃饭问题。美国是世界第一粮食出口国、农业最强国，俄罗斯、加拿大和欧盟的大国也是粮食强国。这些国家之所以强，是同粮食生产能力强联系在一起的"[4]。中国正处将强未强之际，粮食问题不能成为制约我们从大国走向强国的短板。第三，国际粮食市场不能确保我国的粮食安全。一方面，国际粮食市场供求矛盾将长期存在，全球粮食产量增长难以满足消费需求的增长，能进入国际贸易市场的粮食远远不能满足我国的粮食消费量。另一方面，粮食危机、气候变化、自然灾害等因素使国际粮食市场的不确定性加大，受此影响，各国政府保护国内供给，甚至禁止粮食出口。因此，作为世界上人口第

---

①②③④　中共中央文献研究室编：《十八大以来重要文献选编（上）》，中央文献出版社，2014年。

一大国，中国的粮食安全不能寄希望于国际市场，必须紧紧立足于国内，正所谓"手中有粮，心中不慌""一个国家只有立足粮食基本自给，才能掌握粮食安全主动权，进而才能掌控经济社会发展这个大局"①。

（三）抓住根本点，确保产能

习近平总书记指出，"要研究和完善粮食安全政策，把产能建设作为根本，实现藏粮于地、藏粮于技"②。这一论述表明：第一，产能建设是保障粮食安全的根本，是坚持"以我为主、立足国内"的基础。"以我为主、立足国内"必须有充足的粮食保障，过去我国的粮食安全战略强调确保产量，尽管在这一战略指导下实现了粮食产量"十二连增"，但耕地面积有限、土地污染较为严重、农业基础设施较为薄弱、土地碎片化经营等却是不争的事实。因此，粮食安全战略必须实现保产量、保产能的双向互动，必须在提高粮食生产能力上挖掘新潜力。第二，确保产能的根本途径在于藏粮于地、藏粮于技。藏粮于地并不局限于对耕地面积的保护，更重要的是强调保护和提升耕地质量，这是确保产能的基础；藏粮于技是依靠科技进步突破资源与环境约束、走提升粮食产能的内涵式发展道路，这是保持粮食生产持续稳定发展的方向所在和必然选择，是确保产能的核心。

（四）掌握平衡点，适度进口

立足国内并不是所有粮食和农产品完全自给，"为了减轻国内农业资源环境压力、弥补部分国内农产品供求缺口，适当增加进口和加快农业走出去步伐是必要的"③。但是，适度进口要掌握好平衡点，把握好进口的度。第一，适度进口不能放松国内粮食生产。适度进口但不能依赖进口，要确保我们的饭碗里主要装的是自己的粮食。"适当扩大国内紧缺农产品进口和加快农业走出去步伐，绝不意味着立足国内基本解决吃饭问题的大政方针有任何改变，决不能将此误读为可以放松国内粮食生产，那就会误大局、误大事"④。第二，适度进口的前提是确保谷物基本自给、口粮绝对安全。在新的粮食安全战略中，粮食分为四个层次：口粮（小麦、大米）、谷物（口粮、饲料粮）、粮食（谷物、豆类、薯类）、食物（除粮食外，还包括食用油、肉蛋奶、蔬菜、水果、水产品

---

①③④ 中共中央文献研究室编：《十八大以来重要文献选编（上）》，中央文献出版社，2014 年。

② 新华社：习近平总书记关于农业问题重要讲话引热议——稳定粮食产能发展现代农业，https://www.sohu.com/a/63193838＿162522。

等）。其中，第一、二层次的口粮、谷物属于核心层次，口粮必须完全自给、绝对安全，谷物基本自给，自给率不低于95％。第三，掌控好进口的规模和节奏。通过进口利用国际农产品市场和国外农业资源是一项长期战略布局，要积极稳妥，谋定而后动，平缓地释放进口需求。既要"防止冲击国内生产，给农民就业和增收带来大的影响"，又不要在国际上引来"污水泼身"，导致"政治上、外交上、贸易上都得不偿失"①。

（五）聚焦着力点，科技支撑

鉴于我国粮食生产的现状、消费结构的升级及未来农业发展的趋势，保障国家粮食安全迫切需要科技创新来支撑引领。第一，我国粮食生产的稳定性、可控性不高，靠天吃饭的局面仍未根本改变。第二，农业机械化水平较低，农业科技相对落后，农业基础竞争力不强，农业成本持续上升进入高成本时代。第三，农业生产规模从传统小农户分散经营加速向适度规模经营转变，新型农业经营主体将成为现代农业的主力军。第四，农业经营方式从粗放式经营向集约式经营转变，必须走节能、减排、绿色、低碳的农业可持续发展道路。第五，社会消费结构加快升级，对农产品质量安全、食品多样化和高品质、食物营养与健康提出更高要求。总之，我国农业发展已进入科技需求旺盛期，必须聚焦农业科技创新才能适应形势发展的需要。"农业的出路在现代化，农业现代化关键在科技进步。我们必须比以往任何时候都更加重视和依靠农业科技进步，走内涵式发展道路"②。

三、新时期国家粮食安全战略的科学思维

中国新时期国家粮食安全战略思想蕴含着丰富的科学思维方法，是马克思主义方法论的创造性运用和发展。

（一）战略思维

战略思维是从全局视角和长远眼光把握事物总体趋势和方向的思维方法。习近平总书记指出，"战略问题是一个政党、一个国家的根本性问题。战略上

---

① 中共中央文献研究室编：《十八大以来重要文献选编（上）》，中央文献出版社，2014年。

② 人民论坛编辑部：《习近平"三农"思想新观点新论述新要求》，《人民论坛》，2015第30期，第14-15页。

判断得准确，战略上谋划得科学，战略上赢得主动，党和人民事业就大有希望"①。习近平总书记对我国粮食供求状况作出了"紧平衡"的战略判断，指出我国粮食安全基础仍不稳固，粮食安全形势依然严峻。从实现经济发展、社会稳定、国家安全的大局出发，对国家粮食安全战略作出了"以我为主、立足国内、确保产能、适度进口、科技支撑"的科学谋划。从我国基本国情出发，提出"端牢饭碗""我们的饭碗应该主要装中国粮"的战略主张，以确保掌握粮食安全主动权，进而掌控经济社会发展的大局。

（二）底线思维

底线思维是从科学设定的最低目标出发争取最好结果的思维方法。始终坚持和善于运用底线思维，居安思危，积极主动，才能有效化解风险挑战，确保完成目标任务。习近平总书记运用底线思维思考粮食安全的重要性，防患于未然，指出保障国家粮食安全是一个永恒课题，历史上发生的大饥荒悲剧决不能重演。运用底线思维明确粮食安全的工作重点，提出保谷物、保口粮，"确保谷物基本自给、口粮绝对安全"。运用底线思维确立耕地边界，提出严防死守十八亿亩耕地红线，"极而言之，保护耕地要像保护文物那样来做，甚至要像保护大熊猫那样来做"②。运用底线思维要求各级政府履行保护耕地职责，"大家立了军令状，必须做到，没有一点点讨价还价的余地"③。

（三）辩证思维

辩证思维是自觉运用唯物辩证法分析问题、解决问题的思维方法。习近平总书记运用辩证思维看待我国粮食安全的整体形势和存在的矛盾，在粮食产量稳定增长、"十七连丰"的情况下，洞察我国粮食安全存在的隐患，指出我国粮食安全面临的严峻形势。运用辩证思维看待粮食安全的重要性，粮食安全不仅是经济问题，更是政治问题，不仅关系老百姓吃饭问题，更关系整个国家经济与社会发展大局。运用辩证思维在权衡利弊中趋利避害、作出最为有利的粮食安全战略抉择，提出既"立足国内"又"适度进口"，但"以我为主"，体现了"两点论"与"重点论"的统一。运用辩证思维看待粮食数量与质量的关系，指出农业发展要由过度依赖资源消耗、主要满足"量"的需求，向追求绿色生态可持续、更加注重满足"质"的需求转变。运用辩证思维解决农业结构

———————————

①②③　中共中央文献研究室编：《十八大以来重要文献选编（上）》，中央文献出版社，2014年。

性矛盾问题，抓住供给侧这一矛盾的主要方面，提出推进农业供给侧结构性改革。

（四）创新思维

创新思维是指打破常规、创新性地提出问题和解决问题的科学思维。习近平总书记提出了"创新是引领发展的第一动力"的重大论断，以创新为抓手破解粮食安全面临的困局。运用创新思维提出"确保产能"是保障粮食安全的根本，强调要挖掘粮食生产潜能，打破只注重粮食产量的传统观念。运用创新思维提出"藏粮于地"的策略，提出通过土地休耕、提高地力来提升粮食生产能力，打破过去"藏粮于库"的做法。运用创新思维提出"藏粮于技"的策略，指出粮食安全的出路在科技，改变传统的农业生产方式。运用创新思维破解"怎样种地"的问题，提出构建以农户家庭经营为基础、合作与联合为纽带、社会化服务为支撑的立体式复合型现代农业经营体系。运用创新思维破解"谁来种地"的问题，提出大力扶持家庭农场、专业大户、农民专业合作社、产业化龙头企业等新型农业经营主体，提出要培养新型农民、构建高素质农民队伍。

四、新时代国家粮食安全战略的重大举措

习近平总书记不仅提出新时代国家粮食安全战略，并就如何实施新时代国家粮食安全战略提出了一系列重大举措。

（一）实行最严格的耕地保护制度，严防死守耕地红线

习近平总书记指出，"保障国家粮食安全的根本在耕地，耕地是粮食生产的命根子"，也强调，"耕地是我国最为宝贵的资源。我国人多地少的基本国情，决定了我们必须把关系十几亿人吃饭大事的耕地保护好，绝不能有闪失"①。因此，习近平总书记提出要实行最严格的耕地保护制度，严防死守耕地红线。针对推进城镇化过程中占用土地问题，习近平总书记指出必须依法依规做好耕地占补平衡，坚守十八亿亩耕地红线。耕地红线不仅是数量上的，也是质量上的。"要采取更有力的措施，加强对耕地占补平衡的监管，坚决防止耕地占补平衡中出现的补充数量不到位、补充质量不到位问题，坚决防止占多补

---

① 习近平：《依法依规做好耕地占补平衡规范有序推进农村土地流转》，《人民日报》，2015 年 5 月27 日第 1 版。

少、占优补劣、占水田补旱地的现象"①。针对农村土地流转问题，习近平总书记强调要规范有序推进农村土地流转，防止土地用途发生根本性变化，"特别要防止一些工商资本到农村介入土地流转后搞非农建设、影响耕地保护和粮食生产等问题"②。

（二）充分发挥科技进步和创新的作用，让农业插上科技的翅膀

农业科学技术进步和创新是现代农业的动力源泉，农业生产的各个环节都必须充分发挥科技进步和创新的作用。习近平总书记指出，"要给农业插上科技的翅膀，按照增产增效并重、良种良法配套、农机农艺结合、生产生态协调的原则，促进农业技术集成化、劳动过程机械化、生产经营信息化、安全环保法治化，加快构建适应高产、优质、高效、生态、安全农业发展要求的技术体系"③。让一粒种子可以改变一个世界，"要下决心把民族种业搞上去，抓紧培育具有自主知识产权的优良品种，从源头上保障国家粮食安全"④。一项技术能够创造一个奇迹，"要舍得下气力、增投入，注重创新机制、激发活力，着重解决好科研和生产'两张皮'问题"⑤。针对农业生产方式的落后局面，习近平总书记指出，"加快转变农业发展方式，加快农业技术创新步伐，走出一条集约、高效、安全、持续的现代农业发展道路"⑥。

（三）完善粮食生产扶持政策体系，调动和保护好两个积极性

农业属于弱质产业，经常面临自然灾害和市场波动的双重风险，又因生产成本的上升导致比较效益越来越低。习近平总书记指出，"稳定发展粮食生产，一定要让农民种粮有利可图、让主产区抓粮有积极性。这方面，既要发挥市场机制作用，也要加强政府支持保护"⑦。加强政府支持保护，调动和保护农民和主产区两个积极性，必须完善粮食生产扶持政策体系。一方面，要完善农业补贴政策，实现农民增收入和粮食增产同步发展。"调整优化补贴方式，提高补贴的精准性和指向性。要探索形成农业补贴同粮食生产挂钩机制，让多生产粮

①② 习近平：《依法依规做好耕地占补平衡规范有序推进农村土地流转》，《人民日报》，2015 年 5 月 27 日第 1 版。

③ 习近平：《汇聚起全面深化改革的强大正能量》，《人民日报》，2013 年 11 月 29 日第 1 版。

④⑤⑦ 中共中央文献研究室编：《十八大以来重要文献选编（上）》，中央文献出版社，2014 年。

⑥ 习近平：《抓住机遇立足优势积极作为系统谋划"十三五"经济社会发展》，《人民日报》，2015 年 5 月 29 日第 1 版。

食者多得补贴，把有限资金真正用在刀刃上"①。另一方面，粮食主产区是我国粮食生产的核心力量，是国家促进粮食持续稳定发展的重中之重。"国家要加大对粮食主产区的支持，增强粮食主产区发展经济和增加财政收入能力，实现粮食主产区粮食生产发展和经济实力增强有机统一、粮食增产和农民增收齐头并进"②。

（四）创新农业经营体系、培育新型农业经营主体

我国农业兼业化、农民老龄化、农村空心化日益严重，农户承包经营的耕地规模小且高度分散，生产效率不高，抵御自然风险、市场风险的能力不强，"怎样种地""谁来种地"的问题日益突出，创新农业经营体系、培育新型农业经营主体势在必行。关于农业经营体系，习近平总书记指出，"要不断探索农村土地集体所有制的有效实现形式，落实集体所有权、稳定农户承包权、放活土地经营权，加快构建以农户家庭经营为基础、合作与联合为纽带、社会化服务为支撑的立体式复合型现代农业经营体系"③。而且关于新型农业经营主体，习近平总书记也指出，"像家庭农场、专业大户、农民合作社、产业化龙头企业等，都是建设现代农业的新生力量，要鼓励发展、大力扶持，使之健康发展"④。"谁来种地"，关键在人。习近平总书记指示有关部门要深入研究，"抓紧制定专门规划和切实可行的具体政策，加大农业职业教育和技术培训力度，把培养青年农民纳入国家实用人才培养计划，确保农业后继有人"⑤。

（五）坚持"米袋子"省长负责制，强化地方政府维护粮食安全的责任

保障国家粮食安全，中央承担首要责任，地方政府责无旁贷。"各级地方政府要树立大局意识，增加粮食生产投入，自觉承担维护国家粮食安全责任，不能把担子全部压到中央身上"⑥。习近平总书记反复强调要坚持"米袋子"省长负责制，要求地方政府都要行动起来，"共同加强粮食生产能力、储备能力、流通能力建设，切实保护耕地"⑦。为加快构建国家粮食安全保障体系，进一步明确地方政府维护国家粮食安全的责任，出台了《国务院关于建立健全粮食安

---

①③④⑤⑦　中共中央文献研究室编：《十八大以来重要文献选编（上）》，中央文献出版社，2014年。

②　习近平：《保持战略定力增强发展自信坚持变中求新变中求进变中突破》，《人民日报》，2015年7月19日第1版。

全省长责任制的若干意见》（国发〔2014〕69 号）。根据文件精神，国务院办公厅印发了《粮食安全省长责任制考核办法的通知》（国办发〔2015〕80 号），明确了粮食安全省长责任制考核主体、原则、内容、程序和结果运用等事项，对建立粮食安全省长责任制考核机制作出全面部署。

（六）推进农业供给侧结构性改革，增强农业竞争力、保障有效供给

在粮食产量"十二连增"的同时，我国粮食进口规模不断攀升、国内粮食库存保持高位，呈现生产量、进口量、库存量"三量齐增"的现象。"三量齐增"反映出我国农业竞争力不强、有效供给不足，供给结构失衡。基于我国农业主要矛盾已经由总量不足转变为结构性矛盾的新变化，习近平总书记在2016年中央农村工作会议上指出，"要准确把握新形势下'三农'工作方向，深入推进农业供给侧结构性改革；要在确保国家粮食安全基础上，着力优化产业产品结构"[①]。农业供给侧结构性改革的实质就是通过深化农村改革，调整农业结构和农业生产布局、转变农业生产方式，提高农产品的供给质量和效率，更好地满足市场需求，从而达到促进农民增收、保障粮食安全的核心目标。2017年中央1号文件正式提出以"推进农业供给侧结构性改革"作为新的历史阶段"三农"工作主线，对推进农业供给侧结构性改革作出全面部署和安排。

第二节　农业基础设施的界定

一、基础设施的界定

所谓基础设施，又称基础结构，该概念源于拉丁文 infra（下部、底层）和 structure（结构、构筑物体）的合成词，最早指建筑基础承重部分的构造和设施。该概念是一个涵盖很多活动的术语，在经济活动中，学者们逐渐发展并深化了该概念。如 Nurkse（1953）等发展经济学家称之为"社会管理资本"。"构造"和"设施"这两个词都没有准确的定义，但都贯穿着技术比重特征（如规模经济）和经济特征（如使用者向非使用者的扩散）等经济活动。一些学者给出了"基础设施"的概念界定，如美国经济学家 Rostow（1960）将基础设施定义为社会先行资本，认为基础设施应该在经济起飞前必须完成建设，是经济

---

① 新华社：中央农村工作会议在京召开习近平对做好"三农"工作作出重要指示，https://www.gov.cn/xinwen/2021-12/26/content_566491.htm? jnmp=true。

起飞的"一个必要但不充分条件"。美国经济学家舒尔茨和贝克尔将基础设施分为两类：一类是核心基础设施（交通、电力等增加物质资本和土地生产力的基础设施），另一类是社会基础设施（如卫生、教育等）。

随后世界银行吸收了舒尔茨和贝克尔的观点，在《1994 的世界发展报告》第一章就提出了"什么是基础设施"，成为接受程度比较广泛的概念界定来源。该报告将基础设施分为经济基础设施和社会基础设施，其中经济基础设施包括：①公共设施。包括电力、电信、自来水、卫生设施与排污、固体废弃物收集与处理及管道煤气等。②公共工程。如公路、大坝和灌溉及排水用的渠道工程。③其他交通运输部门。如城市交通、港口和水路，以及机场。社会基础设施包括有利于人力资本积累、生活环境改善的科教文卫、环境保护等类型的基础设施。由中国学者池元吉（1987）编写的《简明世界经济词典》将基础设施解释为"为工业、农业等生产部门提供服务的各个部门和设施，主要包括铁路、公路、港口、桥梁、机场、仓库、动力、通信、供水以及教育、科研、卫生等部门"。

二、农业基础设施的界定

（一）农业基础设施的内涵

从概念涵盖上说，农业基础设施是基础设施在农业产业领域的子系统，系在自然再生产与经济再生产交织进行的农业生产过程中所必须投入的物质与社会条件有机整体的总称，或者是指在农业产前、产中、产后三个相互关联、相互制约的环节中，所使用的农业生产公共要素组合的总和。与基础设施的分类相似，农业基础设施也可以按照农业物质基础设施和农业社会基础设施分为两个主要类型。农业物质基础设施是指不直接参与农业生产但是在农业生产过程中不可或缺的一些物质条件，如农田水利基础设施、农业电力基础设施、农村交通基础设施、农业气象服务设施、农产品储藏设施、农产品交易场所设施、动植物检验检疫设施、动植物防疫设施、市场网络和农业信息化基础设施、动植物良种繁育机构与设施、农产品质量管理机构与设施等；农业社会基础设施是指为确保农业生产顺利运行而提供服务的一些社会条件，如农业研发机构与设施、农业科技推广机构、农业教育和培训机构与设施、土壤保持机构等。

一般而言，农业物质基础设施是一种看得见、摸得着的"有形基础设施"，或称"硬基础设施"，侧重于改善农业生产的物质条件，尤其是能抗御逆境的物质条件。农业社会基础设施则侧重于提供能提升农业经营主体、农业管理人员、农业研发人员素质和提高农业全要素生产率的社会条件，是一种"无形基础设施"，或称"软基础设施"（郭珍，2015）。由于农业社会基础设施相关数据获取非常困难，对其进行定量及实证分析难度较大，因此本书讨论的农业基础设施即指农业物质基础设施。本书所使用的农业物质基础设施分为两个指标类型：一是价值指标。利用从中经网获取的农业基础设施流量数据经永续盘存法折算后得到的农业基础设施存量，用来表示农业基础设施供给的总体水平。二是实物指标，包括农田水利设施、农业电力设施、农村交通设施。本书利用有效灌溉面积、第一产业用电量、农村公路里程等指标经过计算得到密度指标，来反映这三类最主要农业基础设施在不同时期不同地区的水平。

（二）农业基础设施的类型

农业基础设施种类繁多，涵盖广泛，按不同分类标准可划分为不同类型。

1. **按照功能划分农业基础设施**

按照功能，农业基础设施可以划分为农田基础设施、农产品流通基础设施、农业生产服务设施、市场网络和农业信息化基础设施。其中，农田基础设施包括农田水利基础设施、田间道路、农村电网等生产性基础设施；农产品流通基础设施包括农产品运输设施、农产品储藏设施、农产品交易场所设施等；农业生产服务设施包括动植物检疫基础设施、农业气象服务设施、动植物防疫基础设施等；市场网络和农业信息化基础设施包括政府和其他组织建立的各种信息机构及其设施。

2. **按照竞争性和排他性划分农业基础设施**

按照竞争性和排他性，农业基础设施可以划分为纯公共物品、准公共物品与私人物品三种类型。除了少部分农业基础设施属于私人物品外，绝大部分农业基础设施属于公共物品或者准公共物品的范畴，具有投资大、回收期长、受益面广等特点，因此以营利为目的的企业组织和个人很少对农业基础设施进行投资，这就决定了政府必须在农业基础设施的提供上发挥重要的作用。

3. **按照生产环节划分农业基础设施**

从所处生产环节来看，农业基础设施可分为农业产前基础设施、农业产中基础设施与农业产后基础设施。农业产前基础设施，如提供化肥、农药、薄膜、燃料、优良品种等物质投入的基础设施能确保农用生产资料供应；农业产中基础设施，如农田水利设施、田间道路、农用电力基础设施、节水设施等能确保农业初级产品生产正常进行；农业产后基础设施，如农产品流通设施、农产品交易设施、农产品储藏设施等能加速农产品流通，有利于农产品销售，加速实现农产品价值，提高农民收入。

4. 按照规模划分农业基础设施

按照规模，农业基础设施可划分为超大型、大型、中型、小型、微型基础设施。如农田水利基础设施中的水库按照规模可以划分为大（1）型水库（库容大于等于 10 亿米^3）、大（2）型水库（库容大于 1 亿米^3 而小于 10 亿米^3）、中型水库（库容大于或等于 0.1 亿米^3 而小于 1 亿米^3）、小（1）型水库（库容大于或等于 100 万米^3 而小于 1 000 万米^3）、小（2）型水库（库容大于或等于 10 万米^3 而小于 100 万米^3）、堰塘（库容在 10 万米^3 以下）。

5. 按照技术属性划分农业基础设施

按照技术属性，农业基础设施可以划分为资本密集型、技术密集型、劳动密集型基础设施（刘文，2007）。

（三）农业基础设施的性质

在不同标准下，农业基础设施可以划分为很多类型，但是无论哪种农业基础设施都具备一些共通的性质。

1. 基础性和先行性

基础性指农业基础设施在农业发展过程中的基础地位，在缺少农业基础设施的情境下农业生产难以高效持续，国家食品安全无法保障。先行性指农业基础设施的投入要先于其他农业生产要素，因为农业基础设施是农业生产的间接投入，是为农业生产提供服务的系统。

2. 生产的分散性

农业基础设施的分散性是由农业生产的分散性决定的。农业生产具有时间上的季节性和空间上的扩散性，不同季节不同地区的主要农作物不同，对农业基础设施需求的类型存在较大的差异。加之农业经营主体受收入来源、种植作物和耕地位置等因素影响，对农业基础设施的需求也比较分散，这就要求对农业基础设施的供给和管理必须更加灵活。

3. 正外部性

大多数农业基础设施属于公共物品或准公共物品，也就是供给者从农业基础设施供给中得到的个人收益小于社会收益，而付出的个人成本大于社会成本。公共物品或准公共物品属性的农业基础设施具有非排他性，供给者无法排除非付费者对农业基础设施的使用。其他社会成员能够从农业基础设施的供给中获利，但是农业基础设施的供给者无法从中获利弥补成本，因而不愿意供给农业基础设施，这就是农业基础设施私人供给不足的根源（郭珍等，2014）。

4. 整体不可分性

农业基础设施是一个复杂的大系统，涵盖范围广泛，按不同标准可划分为不同的子系统，子系统里面又包含更小的子系统，是一种层层分解又层次分明的结构。农业基础设施的整体不可分性就要求农业基础设施供给必须考虑全局，缺一不可。如缺少农业产前基础设施，农业生产可能无法正常进行甚至颗粒无收；缺少农业产中基础设施可能使得农业生产成本上升、产量下降、品质下降；缺少农业产后基础设施可能导致农产品无法存储而变质，农产品无法顺利销售而使得农业经营主体增产不增收。农业基础设施必须完善才能将效用发挥到最大。

5. 公平性

公平性是指有些农业基础设施在地域上具有排他性，农业经营者获得农业基础设施的数量与质量受到地域限制。农业经营者由于所处地区经济发展水平的不同，能获得的农业基础设施也各不相同，因此，需要供给方（主要是上级政府）采取特殊措施，尽可能公平地向不同地域农业生产经营者供给农业基础设施。由于经济发展水平的差异，地区间农业基础设施供给具有明显差异性。财政资金短缺的地区农业基础设施建设资金不足，这些落后地区的农业基础设施不管是在数量上还是在质量上都与发达地区存在较大差距。因此，在农业基础设施供给中，必须注重缩小农业基础设施供给的区域差异，使供给趋向于公平。

第三节　粮食安全战略下农业基础设施对粮食增产的影响机制

一、农业基础设施供需理论

先进的基础设施技术、完备的基础设施项目及良好的农业基础设施供需机制等会对农业经济发展起到重要的促进作用，反之则会成为农业经济发展的梗阻。故研究农业基础设施项目供需间的匹配对于粮食增产增效乃至农业经济发展具有至关重要的作用。

（一）农业基础设施的供需博弈

基于博弈论方法，分析导致农业基础设施供给短缺的因素，结果表明仅依靠市场供需机制进行调节会抑制农业基础设施项目的供给，需匹配有效的政府宏观调控才能引导农业基础设施项目的供需平衡。

1. 农业基础设施项目供给的动态博弈

（1）假设条件及其阐释。假设农业基础设施提供者均是理性的行为主体，农业基础设施的供给也与农村要素资源供给面临的环境一致，行为主体在特定地区向农业基础设施市场提供的项目之和，即是农业基础设施项目的总供给量。对理性的行为主体进行如下假定：

假设 1，农业基础设施消费的平均价格为 P_x，需要 x_i 单位。

假设 2，农业基础设施供给为 S_i 单位，提供每单位农业基础设施供给的机会成本为 P_c。

假设 3，预期的收入为 M_i。

假设 4，需求 x_i 单位的农业基础设施和提供 S_i 单位的农业基础设施供给后所获得的效用记为 $U_i=(X_i，S)$，且这一效用 U_i 关于 x_i 和 S 的边际效用和边际替代率都是递减的，即：

$$\begin{cases} \dfrac{\partial U_i}{\partial x_i}<0 \\[2mm] \dfrac{\partial U_i}{\partial S}<0 \\[2mm] MRS_{S_{x_i}}=\dfrac{\partial U_i/\partial S}{\partial U_i/\partial x_i} \end{cases} \qquad (1-1)$$

其中，$MRS_{S_{x_i}}$ 是关于 S 的减函数。

（2）博弈模型的构建。在上述的假设条件下，n 个理性的行为主体在特定地区内提供的农业基础设施总额 S 的最优化问题，可以化为一个完全信息静态博弈模型：

$$\max U_i=U_i(x_i,S) \qquad (1-2)$$

其中，$U_i=p_x \times x_i+p_c \times S_i$ ，且 $S=\sum\limits_{i=1}^{n} S_i$

每个理性的行为主体 i 都在相同的环境下追求自身的利益最大化，将选择最优化的策略（x_i，S）使得下列的拉格朗日函数最大化：

$$L_i = U_i(x_i, S) + \lambda(M_i - p_x \times x_i - p_c \times S)$$

其中，$S = \sum_{i=1}^{n} S_i$，$M_i = P_x \times \sum_{i=1}^{n} x_i + P_c \times S$，$i = 1, 2, \cdots, n$，式中的 λ 为拉格朗日系数。

同时，为实现效用最大化，最优化的一阶条件为：

$$\begin{cases} \dfrac{\partial U_i}{\partial x_i} - \lambda \times P_x = 0 \\ \dfrac{\partial U_i}{\partial S} - \lambda \times P_c = 0 \end{cases} \tag{1-3}$$

$$MRS_{S_{x_i}}(S^1) = \frac{\partial U_i / \partial S^1}{\partial U_i / \partial x_i} = \frac{P_c}{P_x} \tag{1-4}$$

上式表明，作为农业基础设施供给的 n 个理性行为主体，在提供农业基础设施的供给中，若每个理性的行为主体均是从自身利益出发，则将会得到一个纳什均衡 $(S_1^1, S_2^1, \cdots, S_n^1)$，而农业基础设施的总供给则为 $S^1 = \sum_{i=1}^{n} S_i^1$，此时纳什均衡 $(S_1^1, S_2^1, \cdots, S_n^1)$ 满足恒等关系式，也即：

$$MRS_{S_{x_i}}(S^1) = \frac{\partial U_i / \partial S^1}{\partial U_i / \partial x_i} = \frac{P_c}{P_x} \quad i = 1, 2, \cdots, n \tag{1-5}$$

（3）博弈模型的求解。假设在一个特定的农村地区，从事农业基础设施供给的行为主体具有非独立性，他们在对某个特定的农村地区进行基础设施供给时相互影响，即他们通过协商，联合起来对某个特定地区进行基础设施供给，这就构成了一个利益联盟，或者说，作为一个整体，这些行为主体相互之间可以形成羊群效应，即他们间的某个行为主体的行为可以被群体中的其他主体所模仿。此时，对于整个特定地区的基础设施供给情况应从整体考虑供给的最优化问题。此时的帕累托最优化问题可以简化为以下模型：

$$\max U = \sum_{i=1}^{n} w_1 \times U_i(x_i, S) \tag{1-6}$$

其中，$U = \sum_{i=1}^{n} U_i$，$M = \sum_{i=1}^{n} M_i$，$M_i = p_x \times \sum_{i=1}^{n} x_i + p_c \times S$，目标函数中的 w_1 为权重系数，且 $w_1 \geqslant 0$，$\sum w_1 = 1$。

如果说 n 个行为主体在群体中的地位都是平等的，则这些主体之间的相互影响也是对等的，则有 $w_1 = \dfrac{1}{n}$，$(i=1, 2, \cdots, n)$；如果他们间的影响程度不一样，即有些行为主体对群体中的其他主体的影响力大，有些主体对群体中的其他主体的影响力小，那么每个主体对群体的总体供给效用的影响是不一样的，导致效用目标函数中的权重系数不一样，于是满足帕累托最优化的一阶条件可以化为：

$$\begin{cases} w_i \times \dfrac{\partial U_i}{\partial x_i} - \lambda \times p_x = 0 \\[3mm] \dfrac{\partial U_i}{\partial S} - \lambda \times p_c = 0 \end{cases} \qquad (1-7)$$

上式可以求得帕累托最优解为 S^2，则：

$$\frac{\partial U_i / \partial S}{\partial U_i / \partial x_i} = \frac{p_c}{p_x} \quad i=1, 2, \cdots, n \qquad (1-8)$$

上式也可写为：

$$\frac{p_c}{p_x} - \sum_{j \neq i}^{n} \frac{\partial U_i / \partial S}{\partial U_i / \partial x_i} = \sum_{i=1}^{n} \frac{\partial U_i / \partial S}{\partial U_i / \partial x_i} \quad i, j=1, 2, \cdots, n$$

$$(1-9)$$

因为：

$$\frac{p_c}{p_x} - \sum_{j \neq i}^{n} \frac{\partial U_i / \partial S}{\partial U_i / \partial x_i} < \frac{p_c}{p_x} \qquad (1-10)$$

所以，可得：

$$MRS_{S_{x_i}}(S^1) > MRS_{S_{x_i}}(S^2) \qquad (1-11)$$

2. 农业基础设施项目需求的动态博弈

（1）假设条件及其阐释。在完全自由竞争的条件下，农业基础设施项目的消费者个体 i $(i=1, 2, \cdots, n)$，也就是农户对农业基础设施的需求为 q_i，则农户对农业基础设施需求总额为 $Q = \sum_{i=1}^{n} q_i$。现作以下假设：

假设 1，在完全的市场竞争中，消费者个体为获得农业基础设施消费的平均成本 $C(Q)$。

假设 2，消费者个体 i 使用农业基础设施项目可以获得的平均收益为 $\pi(Q)$。

假设 3，$\pi(Q)$ 为农业基础设施需求总量 Q 的减函数，$C(Q)$ 为农业基础设施需求总量 Q 的增函数。则有下列不等式：

$$\begin{cases} C'(Q) \geq 0 \\ C''(Q) \geq 0 \end{cases} \qquad (1-12)$$

$$\begin{cases} \pi'(\boldsymbol{Q}) \geqslant 0 \\ \pi''(\boldsymbol{Q}) \geqslant 0 \end{cases} \tag{1-13}$$

记 p_i 为农户个体 i 消费 q_i 单位农业基础设施的利润，则有：

$$p_i = q_i [\pi(\boldsymbol{Q}) - C(\boldsymbol{Q})] \tag{1-14}$$

（2）博弈模型的构建。农户个体被认为是理性的，这样 n 个农户个体消费农业基础设施的最优化问题可转化为个体的完全信息静态博弈的模型：

$$\max p_i = q_i [\pi(\boldsymbol{Q}) - C(\boldsymbol{Q})] \tag{1-15}$$

式中的 $\boldsymbol{Q} = \sum_{i=1}^{n} q_i (i=1, 2, \cdots, n)$

要使上式中农户的利润最大化，则有：

$$\frac{\partial p_i}{\partial q_i} = 0 \tag{1-16}$$

这也是理性的农户个体 i 对农业基础设施的最佳消费量 q_i^1 必须满足的条件，可用如下等式表示：

$$q_i^1 = \pi(\boldsymbol{Q}) - C(\boldsymbol{Q}) + q_i \times [\boldsymbol{Q}^2] \tag{1-17}$$

将各个体的最佳需求量进行加总，可得：

$$\begin{cases} \boldsymbol{Q}^1 = \sum_{i=1}^{n} q_i \\ n[\pi(\boldsymbol{Q}^1) - C(\boldsymbol{Q}^1)] + \boldsymbol{Q}^1 \times [\pi'(\boldsymbol{Q}^1) - C'(\boldsymbol{Q}^1)] = 0 \end{cases} \tag{1-18}$$

进而可得：

$$\begin{cases} p^1 = \sum_{i=1}^{n} p_i^1 = \boldsymbol{Q}^1 [\pi(\boldsymbol{Q}^1) - C(\boldsymbol{Q}^1)] = 0 \\ \pi(\boldsymbol{Q}^1) - C(\boldsymbol{Q}^1) + \dfrac{\boldsymbol{Q}^1}{n} \times [\pi'(\boldsymbol{Q}^1) - C'(\boldsymbol{Q}^1)] = 0 \end{cases} \tag{1-19}$$

（3）博弈模型的求解。引入监管者对 n 个农户个体的农业基础设施需求进行监管配置，即从整体的农户利益角度进行考虑，则全体农户的帕累托最优为：

$$\max P = \boldsymbol{Q} [\pi(\boldsymbol{Q}) - C(\boldsymbol{Q})] \tag{1-20}$$

要使利润 P 最大化，其一阶导数应满足：

$$\pi(\boldsymbol{Q}^2) - C(\boldsymbol{Q}^2) + \boldsymbol{Q}^2 [\pi'(\boldsymbol{Q}^2) - C'(\boldsymbol{Q}^2)] = 0 \tag{1-21}$$

最优利润为：

$$P^2 = \boldsymbol{Q}^2 [\pi(\boldsymbol{Q}^2) - C(\boldsymbol{Q}^2)] \tag{1-22}$$

又因为：

$$\pi'(Q^2) - C'(Q^2) \leqslant 0 \qquad (1-23)$$

$$\pi''(Q^2) - C''(Q^2) \leqslant 0 \qquad (1-24)$$

且均不恒等于零，故得：

$$\begin{cases} Q^1 > Q^2 \\ P^1 > P^2 \end{cases} \qquad (1-25)$$

分析表明，在农业基础设施配置中，若农民消费行为不受监管的约束和调整，那么农业基础设施配置的帕累托最优平衡将无法达到，因为理性的农民个人也追求自身利益最大化。这样，一个理性的个体农民将无法找到农业基础设施分配的纳什均衡，进而导致农业基础设施配置效率低下，影响农业经济发展。

3. 政府与市场主体间的动态博弈

粮食增产及农业经济发展的核心问题就是农业资源特别是农业基础设施等的配置问题，而决定和影响资源配置的机制或主体主要有两个：一个是政府，一个是市场。政府和市场的关系以及政府和市场在农业基础设施配置中的作用，成为各国粮食增产及农业经济发展理论和改革实践的核心问题。健全完善我国农业基础设施的核心目的在于为农业发展、为粮食高效生产提供基础保障，进而服务新时代国家粮食安全战略的要求。实现这个目标的核心也是农业基础设施资源配置问题的核心，即保障农业基础设施资源在农村广大经济主体，尤其是农户和农业龙头企业间实现公平、合理和优化配置。同样，为了达成这个目标，政府和市场的关系以及政府和市场在农业基础设施资源配置中的作用就成为粮食增产、农业经济发展的核心问题。

（二）农业基础设施建设的要素供需配置机制

通常，在农业基础设施建设过程中，由于基础设施项目类型的不同，再加上每个农村地区经济、文化及风俗习惯等的不同，农业基础设施对其农业经济发展甚至对粮食生产的驱动作用就会有较大的不同，农业基础设施体系发挥作用的机制也会有较大不同，政府对农业基础设施建设的干预程度也会有较大不同。故根据政府对农业基础设施建设干预程度的不同，农业基础设施建设的要素配置模式分为市场机制主导型要素配置模式和政府调控主导型要素配置模式两种类型。尽管有时很难将政府宏观调控因素与市场因素清晰区分开来，但不可否认这两种配置模式的侧重点还是有所不同的。市场机制主导型要素配置模式更多强调市场价格、市场供需等市场机制对农业基础设施建设的促进作用，而政府主导型要素配置模式则更多强调政府行政干预、政府宏观规划、政府统筹协调等因素对农业基础设施建设的影响。

1. 市场机制主导型要素配置模式驱动农业基础设施优化的机制

市场机制主导型配置模式更强调市场机制在要素配置中的作用，更强调资源的供需、竞争等关系，更强调配置要素定价、风险管控等因素的影响。通常市场机制主导型要素配置模式可较多运用到农业基础设施建设中的一些经营性子项目，可在一些准经营性子项目中配置更高的市场比例，因为这些项目更强调营利性、更在意对利润的追求。亚当·斯密曾强调市场这只"看不见的手"在资源配置中起着决定性作用，故在市场机制的作用下，可通过价格发现、通过定价机制、通过市场竞争，实现农业基础设施建设中那部分经营性子项目的社会效益最大化，实现要素配置效用的最大化。所以说，市场机制主导型配置模式可通过市场这只"看不见的手"，提高经营性子项目资金筹集的效率，可发挥要素资源的驱动作用、促进农业基础设施建设项目的优化及筹资效率的提高，进而促进农业经济发展效益的提升及粮食的增产。

（1）市场机制主导型配置模式的优势。通常市场机制主导型要素配置模式有利于实现资源的合理配置。该模式下，无须政府层面发布行政调控命令，即可通过市场的供求规律、价格规律等促进各类要素的配置效率的最大化利用，以调节农业基础设施建设过程中各类要素配置间的冲突，市场主导型配置模式可以依托其自身的市场机制优势，以利润对农业基础设施建设项目、产业发展等进行广泛信息收集与处理，将各类要素配置到最具发展前景的项目之中。通常市场机制主导型配置模式有利于提高要素配置的生产效率。该模式下，市场是一个自由竞争的市场，各经济主体间、各纯经营性子项目间的竞争可通过促进市场机制主导型配置模式不断改进服务、并不断降低运营成本和要素配置成本，提高配置效率。市场机制主导型要素配置模式有助于实现资源配置的帕累托最优。在市场机制下，要素资源的供需双方能在完全、透明、高效的信息指引下，自主决策，积极灵活地应对市场上的风云变幻，使市场实现自动均衡，使要素资源供需双方均得到效用最大化，进而实现要素配置的帕累托最优。依托市场机制主导型配置模式，可使要素高效追随农业基础设施建设中的高收益、低风险的经营项目，为驱动农业基础设施建设项目的优化与完善提供必要的要素支持，同时也为各类要素生产效率的发挥提供理论支撑。

（2）市场机制主导型要素配置模式的缺陷。由于农业基础设施建设项目自身的外部性、部分基础设施的公共物品特性、要素配置过程中的信息不对称性以及市场垄断等，市场机制主导型要素配置模式在发挥作用的过程中也会出现市场失灵的情况，无法实现资源配置的帕累托最优。首先，农业基础设施建设项目的外部性因素影响了市场主导型配置模式效用的发挥。由于农业基础设施建设项目具有正的或负的外部性，此时就会出现私人部门效率的最大化大于或小于社会效率最大化的状况，比如部分经营主体为追求利润最大化，可能会为部分项目提供要素支持，故而此时就出现了经营主体效率最大化而社会效率却未能实现最优的状况，在外部性因素的影响下，私人部门效率与社会效率难以同时实现最优。其次，农业基础设施建设项目公共物品的性质影响了市场主导型配置模式作用的发挥。农业基础设施建设中，会涉及灌溉、排污等大量公共物品和公共服务的非经营性项目，往往这些项目投资周期长、投资数额大，但社会效益却极高。通常部分经营主体出于追求利润最大化的考量，一般不愿意涉足该类项目，故而在农业基础设施的实际发展中，这类项目难以得到营利性经营主体的要素支持，只能依靠政府调控引导进行要素配置。再次，农业基础设施建设过程中的信息不对称因素影响了市场主导型要素配置模式效力的发挥。"看不见的手"进行资源配置的关键因素在于供需双方都掌握有充分、透明、高效的信息，然而在农业基础设施建设过程中，供需双方往往掌握信息不一致，一些建设项目为筹集要素，往往会隐藏不利信息，从而在市场上出现"劣币驱逐良币"的效应，并最终致使要素交易萎缩甚至消失。最后，农业基础设施建设过程中的垄断因素也会影响市场主导型要素配置模式效力的发挥。农业基础设施建设中部分项目，往往由一家或几家企业垄断经营会比竞争经营更节约成本、服务效率更高，则此时市场主导型要素配置模式就会失灵。

2. 政府调控主导型要素配置模式驱动农业基础设施优化的机制

政府调控主导型要素资源配置模式更多强调的是政府在要素市场上的宏观调控作用，认为政府应积极干预要素市场以促进农业基础设施建设的高效稳定发展，通常政府干预要素市场的主要手段有直接的行政命令、市场准入限制、带有倾向性的政策引导等。通常直接的行政命令与市场准入机制属于国家行政力量对要素市场要素配置模式的直接干预，通过行政命令手段引导或强制部分要素向农业基础设施建设中的一些重要项目提供要素支持，比如对一些大型基础设施建设、一些大型设备的支持。

（1）政府调控主导型要素配置模式的优势。面对市场失灵，政府适当干预是有其合理性的，因为通过政府干预可以提高社会整体福利，实现市场调节与政府宏观调控的有机结合。首先，可以通过政府的宏观调控，制定农业基础设施建设进程中的要素市场的规章制度。在农业基础设施建设中，要想发挥要素的驱动作用，应在要素市场上制定一套良好的规章制度，用以规范企业行为、监督运营、防范风险。其次，政府应采取相关措施保持宏观经济的稳定。通常市场机制是一种自发行为，具有一定的自发性和盲目性，在进行要素资源配置时也伴随着巨大的风险。此时政府对要素市场进行适当干预，有助于防范风险，稳定宏观经济发展大局。最后，政府适当干预有助于促进要素资源市场与农业基础设施建设的协调发展。当前我国经济在发展过程中存在着一定的区域差异，农业基础设施发展和农业经济发展间也存在明显的区域差异，东部沿海地区的发展要比中西部地区更为发达。故政府对要素市场进行适当干预，积极引导部分资源向中西部地区、偏远落后地区适当倾斜，可帮助中西部和落后地区在农业基础设施建设过程中获得更多的支持，可促进区域间要素资源与农业基础设施建设的协调发展。

（2）政府调控主导型要素配置模式的缺点。尽管政府宏观调控、积极引导要素市场的资源配置，但其调控并不是万能的，它也存在干预过度、干预无效等一系列缺陷，也存在"政府失灵"的时候。

首先，政府宏观主导型要素配置模式可能会纵容官员谋求私利的行为。政府宏观调控、有效干预市场的前提是干预行为本身必须是为社会谋福利的无私行为，但现实生活中政府的干预行为往往容易受政府官员个人私利的左右，并非真正意义上的公正，所以政府官员个人的这种内在效应极大地损害了政府干预的效益。其次，政府宏观主导型要素配置模式会增加干预成本。在农业基础设施建设中，虽然政府干预要素市场可以有效促进公共物品的供给、可以维持宏观环境的稳定、可以有效促进要素与基建的协调发展，但政府要宏观调控、要干预引导，就必须设立工作机构、增加工作人员、支出管理经费，故高昂的干预成本可能会导致干预的失效。再次，政府宏观主导型要素配置模式缺乏成本-收益衡量机制。政府干预是一种政府行为，它是出于对整个社会利益考虑的一种干预，它很少考虑成本-收益问题，再加上政府干预的垄断性，往往会使得政府的干预行为丧失效率。又次，政府宏观主导型要素配置模式容易滋生寻租行为。政府干预会导致利益集团对政府的决策行为进行寻租，增加了交易成本，损害了政府干预的效果。最后，政府宏观主导型要素配置模式可能会导致决策失误。政府进行有效干预的前提是政府掌握着完全、透明、高效的信息，而在农业基础设施建设过程中，由于涉及各类繁杂问题，政府不可能掌握完全信息。再加上要素市场的瞬息万变，政府贸然干预有时可能会造成决策上的失误，对整个农业基础设施建设及要素资源生产效率的提高产生不良影响。

3. 两种配置模式的供需分析

在要素驱动农业基础设施建设过程中，"市场主导"和"政府干预"同时存在，要积极利用两种配置模式的优点，尽量摒弃其缺点，更好地促进农业基础设施建设与体系优化。

在农业基础设施建设过程中，存在着要素资源的供需双方，进行供需双方供需分析，需明确三个假设前提：

假设 1，要素市场应是充分竞争的市场，产品与服务的价格应由市场决定，供需双方中的机构或个人无权对某一方面改变。

假设 2，市场上所提供的产品与服务具有同质性，可替代。

假设 3，市场上供需双方均可获得透明、完全、高效的信息，供需双方对产品、基建项目等情况充分了解。

在完全竞争市场上：要素供给方提供要素和服务，参与市场自由竞争，供要素需求方自由选择，农业基础设施建设可获得尽可能多的要素和服务，在没有外部因素影响的情况下市场实现自动均衡。但实际上，在农业基础设施建设过程中，由于大量具有纯公共物品性质的公共项目的存在，再加上要素资源的逐利性特性，导致要素难以向不营利、风险大、周期长的项目流动。因此，此时供需均衡就难以自动均衡，此时要素的供给 K_1 就远远小于农业基础设施建设所需要的要素需求 K_2，完全竞争市场上要素供需曲线如图 1-1 所示。

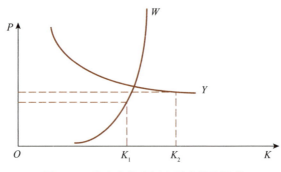

图 1-1　完全竞争市场上要素供需情况

在完全计划市场上：在完全计划的市场上，政府对要素资源市场实施完全的行政干预，市场利润空间和要素价格严重扭曲。受政府政策倾斜影响，要素价格和利润极低，农业基础设施建设对要素的需求远远大于要素的供给。此时，要素供给曲线 W 和需求曲线 Y_k 就无法相交，市场供需均衡难以实现，完全计划市场上政府对要素配置的过度干预将不利于农业基础设施的建设，完全竞争市场上要素供需曲线如图 1-2 所示。

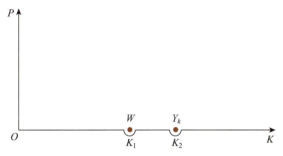

图 1-2　完全计划市场上要素供需情况

在政府有效干预市场上：现实社会中，完全竞争市场与完全计划市场都是较少存在的，大多数市场是政府有效干预的市场。在政府有效干预市场上，政府发挥对要素配置的积极干预，以促进农业基础设施建设的高效发展。政府通过建立政策性服务部门的间接型干预措施、通过定向投放及限制进入等直接性干预措施，降低要素资源的供给价格，促进要素向农业基础设施建设项目流入。政府有效干预市场上要素供需曲线如图 1-3 所示。要素需求曲线为 Y_k，供给曲线为 W_1 时，市场均衡时可提供的要素量为 K_1，但此时要素供给量难以满足实际需求，农业基础设施建设中会有较多项目被延迟，政府就势必会积极干预农业基础设施建设的要素供需市场，通过行政干预使要素供给曲线向右移动至 W_2，市场均衡量为 K_2，随着政府干预的深入，要素供给曲线移动至 W_3，市场均衡量为 K_3。在政府的积极干预下，农业基础设施建设进程得以加快发展，社会整体福利随之增加。但需要注意的一点是，政府干预行为不能过度，不能超过市场的承受范围，只有充分发挥市场对要素配置的决定性作用，同时发挥政府的干预作用，取政府宏观干预与市场微观调节的双重优点，才能真正促进农业基础设施建设的良性发展。

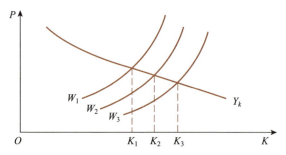

图1-3　政府有效干预市场上要素供需情况

4. 两种要素配置模式的选择

完全竞争市场机制和完全计划市场机制在要素配置时均会发生"失灵"。当前多数国家普遍选择以市场调节为基础的政府宏观干预机制进行农业基础设施建设的要素配置。市场机制主导型要素配置模式和政府调控主导型要素配置模式两者均有优缺点，故在进行配置模式选择时，要综合考虑国家的经济社会发展状况、不同的要素禀赋、不同的历史文化发展等因素。进行资源配置模式选择时：一要兼顾效率与公平。通常，市场配置效率高于政府，具有更广泛的影响力和灵活性，但在一些农田水利、道路建设等特定项目中，政府有时却更能发挥效率；同时，虽然市场非常有效率，但容易引起不公平，虽然政府相对公平，但又容易导致低效，而且有时可能还会由于寻租而使公平大打折扣。二要有决策者的思维。通常政府与市场的关系较为微妙且复杂，决策者的思维直接影响要素配置模式的选择。三要注意市场和政府的统一性。市场与政府是既对立又统一的矛盾综合体，市场机制要追求效率，而政府要维护公平与公正，两者在公平与效率间既对立又统一。

所以，选择市场机制主导型要素配置模式还是选择政府调控主导型要素配置模式是一个两难问题。目前，从各国农业基础设施建设的进程来看，普遍采用的是市场与政府相结合的要素配置模式，既能以市场配置资源之长弥补政府调控之短，又能以政府调控的有序减轻市场配置资源的混乱，实现要素市场与政府因素的最优组合，实现要素资源驱动农业基础设施建设的帕累托最优。

二、公共物品及外部性理论

（一）公共物品

公共物品理论是公共经济学的重要理论之一，西方学者们认为市场机制失灵主要存在于公共物品领域。所以，公共物品领域的资源配置就成为政府等公共机构存在的主要理由，且市场经济体制下关于政府公共支出范围的讨论也主要是围绕提供公共物品而展开的①。

在1739年，哲学家大卫·休谟对公共物品进行了直观的定义。萨缪尔森提出，公共物品是所有成员能够集体享用的共有消费品。全体社会公众都具有消费该物品的权利，同时每个人对该物品的享有和消费不会减少社会其他任何一个成员对物品的享有和消费；无论每个人是否愿意购买它，它带来的好处都在整个团体中不可避免地传播。奥尔森认为，公共物品指一个集团中的任何单元都可以使用它，并且无法排除其他人对它的消费。经济学家布坎南认为，任何集团或社团因为任何原因通过集体组织提供的商品或服务，都将被定义为公共物品；某些公共物品只可以使很小的团体，比如包括两个人的小团体受益，而另外一些公共物品却可以使很大的团体甚至全世界的人都受益。经济学中公共物品的定义是指以非竞争性和非独占性消费，自然垄断和收费困难为特征的项目②。对应于非公共物品的是个人物品。萨缪尔森认为，"公共物品是这样一种物品，当它们的份额与它们共享时，它们不会导致成本增加（它们的消费是非竞争性的），不包括任何个人共享它需要花费很多钱（它们是非排他的）。"

（二）外部性

外部性，也称为外溢效应、外部影响、外差效应或外部经济，指的是某个群体或个人的活动和决定使另一个群体或个人受到损害或得到收益的情况。外部性根据不同性质可以分为正外部性、负外部性。正外部性是指某个群体或个人的活动使得另外的群体和个人得到社会收益，而受益者无须花费代价。负外部性是指个体经济行为的活动对他人或社会造成损害，而造成负外部性的行为则不承担成本。

马歇尔是古典经济学的代表，也是剑桥学派的创始人，他在1890年出版的《经济学原理》中提出了"外部经济"的概念。马歇尔在《经济学原理》中提出，"可以把由于产品的生产规模的扩大而产生的经济分为两类：第一是依赖于该行业的普遍发展的经济；第二是经济取决于从事该行业的各

---

① ［美］布坎南著；马珺译：《公共物品的需求与供给》，上海人民出版社，2017年。
② 陈振明著：《公共管理学》，中国人民大学出版社，2005年。

个公司的资源、组织和效率。我们可称前者为外部经济，后者为内部经济。"在马歇尔的论述中，企业之间分工带来的效率提升被称为外部经济。随后福利经济学代表之一庇古继承了马歇尔的思想，他在 1920 年出版的《福利经济学》中，第一次应用现代经济学的理论方法，从福利经济学和外部性的角度全面地研究了外部性的具体问题。研究外部因素对公司或公司对其他企业或居民的影响。庇古的论点可以概括为外部性是边际私人成本与边际社会成本、边际私人收入和边际社会收入之间的矛盾。尽管庇古遵循马歇尔提出"外部经济"概念，但它扩展了"外部经济"的概念，并极大地推进了马歇尔的外部经济理论。庇古提出通过税收和补贴将外部效应内部化，并被广泛用于经济活动。例如，基础设施建设中采用的"谁受益，谁投资"的政策就是庇古税收理论的具体应用。因此，庇古的"外部经济"观点是现代经济学中形成外部性的重要理论基础。

科斯作为新制度经济学的创始人，批判性地讨论了庇古在"社会成本问题"中的理论，并进一步巩固了经济自由主义。科斯提出，在零交易成本时，"庇古税"不是解决外部性的唯一手段，在条件为交易成本不为零时，成本效益的整体比较可以成为解决外部性问题的重要方法。然而，自愿协商在不同的经济体制下、在不同的经济环境中的实现有效性不能一概而论。因此，科斯和庇古两者的理论不能片面判断谁对谁错，要具体环境具体实践应用。就公共物品来说，其一般都有正的外部性，意味着在公共物品的消费过程中，产生的社会福利会超过公共物品的直接经济效益。

（三）公共物品的供应

关于经济学领域的供应与需求研究，古典学派认为，市场这双"看不见的手"能自动平衡商品的供需，能实现商品的有效供应，市场的充分竞争与商品价格能准确揭示商品的价值和稀缺情况。但是 20 世纪 30 年代以来，世界范围内爆发多次经济危机后，经济学家开始关注"市场失灵"的问题。例如，1936 年凯恩斯在《就业、利息和货币通论》中提出，政府在应对经济波动和社会失业等问题时可以发挥更多的作用。Samuelson（1954）提出，如果公共物品完全由市场供应，公共物品的"非排他性"特征会导致社会领域的"搭便车"现象，这最终造成公共物品供应的短缺。世界银行发布的《1997年世界发展报告》也认为，"公共物品是非竞争性和非专有物品"。非竞争性意味着用户对项目的消费不会减少项目对其他用户的供应，即生产产品或提供服务的边际成本为零。这将导致生产者支付所有公共物品的生产成本，这将使生产此类公共物品的动力变弱或完全消失，在这种情况下，追求利益最大化的生产者就失去了提供商品的动力，他们创造了"搭便车"现象。这种现象使每个受试者都在等待其他人生产这样的产品，并享受它带来的好处。非独占则意味着不能将用户排除在项目的消费之外，这使得不可能对公共物品的消费收费，因此私人提供者没有动力提供这些物品。因此，市场仅适用于提供私人产品和服务，在提供公共物品方面存在严重的市场失灵问题。因此，提供公共物品应是政府活动的领域，对公共物品进行提供和管理也就成为政府的首要职责。

三、农业基础设施对粮食增产的效应机制

通常农业基础设施对粮食增产的影响效应大致可分为直接效应与间接效应两个类型。本书认为，直接效应是指农业基础设施直接影响农业生产要素并作用于粮食产出时的效应；间接效应是指农业基础设施投入影响粮食经营主体的行为传导至粮食产出时的效应。同时，本书还将农业基础设施促进粮食增产依赖的路径分为扩大种植面积与提高单产水平两个路径，因为种植面积和单产水平是影响粮食增产的两个核心因素，因此农业基础设施对粮食增产的影响也可以分为这两个路径。

（一）农业基础设施对粮食增产的直接效应

1. 农业基础设施建设能够增加耕地面积

土地整治和高标准农田建设是新增耕地的主要来源。2018 年 3 月国土资源部下发的《关于严格核定土地整治和高标准农田建设项目新增耕地的通知》和《土地整治和高标准农田建设项目新增耕地核定技术要求（试行）》中，提出了土地整治和高标准农田建设项目新增耕地科学的计算方法，新增耕地面积由项目建设前后耕地面积之差得到。土地整治新增耕地来源途径有以下三条：一是通过田坎归并、坡改梯、格田整理等工程措施，降低田坎占用耕地的面积，减少田坎系数，从而增加耕地面积。另外，农村道路和沟渠等基础设施的归并和完善，通过硬化改建等措施减少原有道路和沟渠占用耕地，增加耕地面积。二是对村庄、工矿、废弃坑塘沟渠等零星建设用地经过开发复垦整理后，来增加片区内的耕地面积。三是可调整的园地、林地等的整理，开发荒草地、沙地、裸地等未利用地来增加耕地面积（海文静等，

2018）。高标准农田建设新增耕地的途径与此类似，通过改变现有耕地的格局，减少田垄、沟渠等，达到增加耕地促进粮食增产的目的。如根据国土资源部土地整理中心 2016 年发布的《中国土地整治发展研究报告》显示："十二五"期间，中国通过高标准基本农田建设新增耕地 1 615 万亩[①]，由国土资源部门组织实施的 32 332 个高标准农田建设项目新增粮食产能约 500 亿斤（2 500 万吨）。

2. 农业基础设施建设可以提升粮食复种指数

如农田水利设施完善后，耕地灌排更加及时，粮食作物能够按照计划完成播种、生长、收割等生产环节，更多气温适宜的地区能够种植双季甚至三季粮食，粮食的复种指数得以提升。再如农村交通基础设施的完善程度对粮食生产机械化率提升有重要的影响，而使用先进实用的农业机械不仅可大幅提高粮食生产效率，也能有效提升粮食产量（刘超等，2018）。粮食生产机械化率的提升可以进一步缩短粮食作物的生产环节时间，为提升粮食复种指数提供了可能。

3. 农业基础设施建设能有效提升耕地质量

《2017 中国生态环境状况公报》的数据显示，2017 年我国质量较差（耕地等级为七至十等）的耕地占耕地总面积近 1/3。以山地丘陵和盐碱地为例，山地丘陵和盐碱地都是我国主要的低质耕地类型。山地丘陵地区耕地质量主要受水土流失、田块破碎及田间基础设施落后等因素限制。土地整治和高标准农田建设等工程可以有效提高山地丘陵地区的耕地质量。如通过田块修筑和地力保持工程措施改变耕地的有效土层厚度和田块的平整度、规则度和集中连片度；通过表土剥离、回填翻耕、场地清理等措施影响土壤剖面构型、表层土壤质地、土壤酸碱度等。灌溉与排水工程通过水源工程、输水工程、排水工程、渠系建筑物工程等不同水利工程的建设，提高项目区灌溉保证率、排水条件和灌溉水源等生产条件，导致耕地质量发生变化。田间道路工程主要包括维修及新建田间道、生产路及桥涵等田间交通设施，直接影响了整治区的路网密度和道路通达度，提高了耕作的交通便利条件，影响耕地质量。农田防护与生态环境保持工程通过修建截水沟，进行坡改梯和岸坡防护，提高了梯地化率和截水沟密度，减少水土流失，维护耕地生态环境安全

---

① 亩为非法定计量单位。1 亩＝1/15 公顷。——编者注

（王婕等，2018）。此外，盐碱地也是我国重要的土地资源，据统计我国盐碱地面积有 9 913 万千米²，占全世界盐碱地面积的 1/10 左右，主要集中在东北平原，西北干旱、半干旱地区，黄淮海平原及东部沿海地区，也可以通过土地整治和高标准农田建设等物理措施、化学措施、生物措施提高土壤质量（王蓓，2016）。

4. 农业基础设施建设能提升农田管理效率

粮食各生产环节的管理效率都会影响粮食的最终产量，而粮食生产管理效率高低也离不开农业基础设施。以水稻生产灌溉为例，水稻生产环节较多，不同环节对水的需求差异很大，如水稻在播种至秧苗期要求土壤含水量稳定在 80% 以上，插秧期田面水层控制在 1 厘米左右，分蘖期水层为 1～2 厘米，分蘖末期需要晒田一般 5～7 天，幼穗分化至抽穗期水层保持在 3 厘米左右，抽穗开花期保持 3～5 厘米的浅水层，灌浆结实期需要以湿为主。如果水稻某个生产环节需水管理不及时就会影响水稻的最终产量，尤其是在灌浆结实期干湿交替管理频繁，需要良好的农业基础设施条件为支撑。

5. 农业基础设施建设能减少旱涝灾害

1978—2013 年，中国年均粮食旱灾减产率 6.7%，其中有 11 年减产率超过 8%，累计减产粮食 115 535 万吨；涝灾减产率 3.3%，其中有 9 年超过 4%，累计减产粮食 56 422 万吨（肖大伟等，2017）。另有研究表明，自然灾害对粮食减产危害程度的排序为旱灾＞洪灾＞风雹＞低温＞台风，旱涝灾害是导致我国粮食产量减少最主要的因素，对粮食减产的影响占所有自然灾害的一半以上（赵映慧等，2017）。完善的农田水利设施能够在洪涝期排水蓄水，在干旱期灌溉抗旱，帮助降低粮食的减产风险，实现粮食稳产增产。

（二）农业基础设施对粮食增产的间接效应

1. 农业基础设施供给促使粮食经营主体扩大经营规模

农业基础设施具有降低农业私人生产成本和降低自然灾害破坏性的功能，粮食生产的成本下降带来粮食生产利润的上升，加上粮食生产旱涝保收系数提高带来产量的增加，作为经济理性人必然会通过增加耕地经营面积或者提高粮食复种指数的方式扩大经营规模，以实现利润最大化。

2. 农业基础设施供给促使粮食经营主体减少耕地抛荒

在我国一些地区甚至是粮食主产区，耕地抛荒行为已严重影响到了粮食安全。如江西省萍乡市农村 2016 年几乎有 30％的耕地撂荒，海南省撂荒 2 年以上的耕地共 18.14 万亩，广西壮族自治区南宁市横州市有近 8％的耕地出现撂荒。以种水稻、小麦和玉米为主的地区也面临大面积撂荒现象，如河南省信阳市固始县，有近 7％的耕地撂荒（杨东群等，2018）。此外还有季节性撂荒，能种两季粮食的改种一季，也对粮食安全造成了威胁。杨国永等（2015）归纳了耕地抛荒行为发生的 20 个主要因素，其中"农业基础设施条件差"排在第四位，由于农业基础设施不完善，粮食生产成本高而且风险大，粮食经营主体难以通过粮食生产获利，土地流转价格低甚至难以流转出去，只能抛荒处理。因此，良好的农业基础设施可以减少粮食经营主体的耕地抛荒现象。

3. 农业基础设施供给促使更多粮食经营主体采用先进技术

农业生产条件差异对农业技术进步有着重要的影响。各地区农业生产条件对水稻机插秧水平具有显著影响，农业生产条件的差异是导致地区间水稻机插秧水平差异的重要原因（王刚毅，2017），可见良好的农业生产条件是粮食经营主体采用先进技术的前提条件。农业机械化程度与农业交通基础设施高度相关，完善的农田交通基础设施可使得丘陵地区的农业机械化程度得以提升，而机械化能够促进粮食增产已经被很多学者证实（伍骏赛等，2017；刘超等，2018）。

4. 农业基础设施供给促使粮食经营主体优化要素结构

有良好的农业基础设施条件作为保障，粮食生产经营的风险就会被降低。当粮食生产不再是"望天吃饭"的时候，粮食经营主体会更愿意推动生产要素的结构优化，如在农业生产时选择高产优质的粮食品种，提高粮食的良种率，促进粮食产量的增加。

5. 农业基础设施供给促使粮食经营主体增加私人投资

一般认为，政府公共投资会对私人投资起到"带动效应"或者"挤出效应"。在农业基础设施领域，由于我国公共投资总量不足，且历史欠账太多，很多农业基础设施都无法满足粮食经营主体的需求。根据实地调研与访谈，本书发现，当前我国很多地方农业基础设施投入多关注中大型的农业基础设施，一些小型农业基础设施还是由粮食经营主体自主投入完成，"带动效应"更加明显。在政府投入建设了大型的农业基础设施后，部分粮食经营主体也会通过私人投入完善一些小型农业基础设施，使得农业基础设施体系更加完善，发挥更大的作用（图 1-4）。

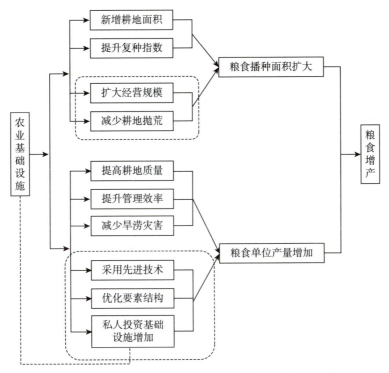

图 1-4　国家粮食安全战略下农业基础设施促进粮食增产的效应机制

第二章
粮食安全战略下农业基础设施与粮食生产的耦合现状

从理论上看，农业基础设施通过直接效应和间接效应促进粮食增产。在进行农业基础设施与粮食产出二者关系的实证分析之前，还需从整体层面把握中国农业基础设施与粮食增产的现状和问题。因此，本章先分析我国农业基础设施的现状与问题，再对粮食生产的现状与问题深入分析。

第一节　新时代我国农业基础设施建设的现状

一、新时代我国农业基础设施建设的现状分析

（一）农田水利设施

我国粮食生产仍未能从根本上改变"靠天吃饭"的局面，旱涝灾害依然是破坏粮食生产的最大因素。我国地域辽阔，每年都有区域受到旱涝灾害的影响，粮食生产重心北移与北方水资源缺乏等与粮食生产不匹配的问题尤为突出；而我国西南地区水资源丰富，但利用率低，应加大农田水利设施建设，做到"旱能灌，涝能排"，才能更好保障我国粮食安全。故农田水利设施建设是我国农村建设的重点，且取得了一定成效。如图 2-1 所示，2000—2016 年我国耕地有效灌溉面积呈逐年增长，有效灌溉率除 2012 年大幅下降外，其他年份均呈增长趋势，故整体上我国农田水利设施条件得到了不断改善。

（二）农业电力设施

1998 年财政部和国家计划委员会先后发文启动农村电网建设与改造，之后国家先后投资完成了农网一期建设与改造工程、农网二期建设与改造工程、县城地区电网建设与改造工程，极大改善了农村生产生活用电条件。目前，关于农业电力基础设施尚未有明确的投资总额统计指标，现有研究均以实物指标

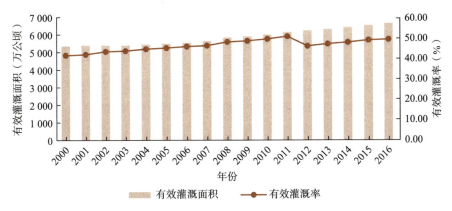

图 2-1　2000—2016 年我国耕地有效灌溉面积与有效灌溉率

"用电量"代替。与本书研究的农业电力设施最为相关的指标为第一产业用电量（图 2-2）。第一产业用电量整体上呈现逐年上升的趋势，个别年份有轻微波动。其中，2000—2004 年是一个快速增长期，5 年累计增长了 44.36%。之后，第一产业用电量进入了平稳增长期，其中 2011—2014 年变化不太明显。

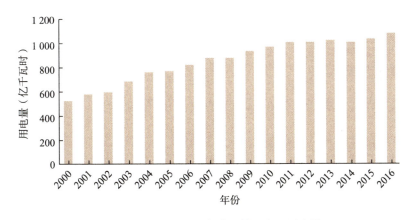

图 2-2　2000—2016 年我国第一产业用电量

（三）高标准农田建设

2016 年中央 1 号文件及"十三五"规划纲要均明确提出，到 2020 年确保建成 8 亿亩、力争建成 10 亿亩集中连片、旱涝保收、稳产高产、生态友好的高标准农田。《乡村振兴战略规划（2018—2022 年）》提出，确保到 2022

年建成 10 亿亩高标准农田。这是提高农业综合生产能力、确保国家粮食安全的根本所在。大规模开展高标准农田建设，巩固了国家粮食安全基础。2011 年以来，我国按照"划得准、调得开、建得好、保得住"的要求大力进行高标准农田建设。经过这些年的大力建设，高标准农田建设取得了较好的成效：首先，高标准农田面积扩大。截至 2017 年底，建成高标准农田面积 5.6 亿亩。其次，新增耕地面积增加。通过高标准农田建设土地开发补充耕地面积 822 万亩，土地整理与土地复垦补充耕地面积 1 755 万亩，增减挂钩补充耕地 190 万亩。这些补充的耕地中 70% 来源于土地整理复耕，整体质量较高。新增耕地面积超过了同期因建设占用和自然灾害损毁的耕地面积。再次，耕地质量与综合产能提升。经高标准农田建设整理后的耕地质量平均提高了 1 个等级，亩产平均提高了 10%～20%。据分析，高标准农田项目实施后，平均每亩地增产 100 千克，平均每亩地可带动农民增收近 500 元，提升率为 56.4%；项目区平均每亩地增值 231.1 元，提升率为 48.1%。同时，农业基础设施效率提高。通过整理土地，大量零碎分散的土地得以适当归并，农业基础设施建设难度大幅下降，农业基础设施配套和使用效率都得到加强，有效解决了排灌抗灾难题。最后，节约农业生产费用。通过高标准农田建设，亩均节水率、节电率可分别达到 24.3% 和 30.8%，化肥、农药的施用量可分别减少 13.8% 和 19.1%。平整的土地提高了机械耕作水平和效率，机械费用同比降低。

二、新时代我国农业基础设施存在的问题分析

（一）农田水利设施问题

农田水利设施主要存在以下三个方面的问题：一是水利建设投资结构不合理。财政投资主要集中在全社会均能受益的大型水利灌溉设施上，对于农民能够直接受益的小型水利设施的资金投入比重较小。据统计，财政资金中支农资金的 60% 用于江河的治理和气象事业的发展，直接用于农业生产性支出仅占40%，其中用于小型农田水利建设的资金更少（何军等，2016）。二是农田水利建设质量较低。许多专家学者已用实证证明：有效灌溉面积的增加未必能带来显著正向的农业回报（李谷成等，2015）。由于供水、排水、治污环节实行分治，难以建立有效的规范管理措施，使得"有人建，无人管"问题长期存在，水利灌溉设施难以充分发挥作用。三是农田水利建设技术含量不高。如图

2-3所示，尽管我国有效灌溉面积逐年增长，但有效灌溉率却在50％上下浮动，农业仍未从根本上摆脱"靠天吃饭"的局面。根据《中国水利年鉴2016》的统计数据，截至2015年底，我国农业节水灌溉面积为3 106.044万公顷，占有效灌溉面积的47.15％；其中喷灌和微灌面积9 011.57万亩，占节水灌溉面积的29％，与美国（54.4％）、以色列（100％）、瑞典（大于80％）、英国（大于80％）等农业发达国家相比仍有较大差距。

图2-3　2010—2016年我国农业生产有效灌溉面积及有效灌溉率

（二）农村电力设施问题

电力已成为农村生产生活主要能源之一，目前尚存在的问题有以下两个方面：一是农村地区供电容量低。2015年我国农业生产和农民生活的总电力装机容量仅8 000万千瓦，户均容量300瓦左右，仅为上海市户均容量的1/10。此外，承载我国人口一半的农村地区，电力装机容量不到全国的1/10，特别是偏远农村地区供电卡口现象时有发生。二是农村电力设备落后。一些农村地区电力设备陈旧落后，许多变压器已严重老化，能耗高、性能差，不仅影响正常用电，还极易导致安全事故。

（三）高标准农田建设问题

通过研究，可窥见我国高标准农田建设存在的几个方面的矛盾：首先，高标准农田建设与资金短缺的矛盾。按照国家要求，高标准农田建设涉及田、土、水、路、电、林、技、管8个方面内容，建成的要集中连片，田块平整，配套水、电、路设施完善，耕地质量和地力等级提高，科技服务能力得到加强，生态修复能力得到提升。据测算，要基本达到国家要求，亩均投入须在2 600元左右。近几年，由于新增建设用地有偿使用费减少和涉农财政资金整合，每年各专项投入（包括土地综合整治、农业综合开发、新增千亿斤粮食产能规划田间工程、小型农田水利和基本烟田土地整理五大专项）总量在逐年减少。因此，除部分试点县（市、区）和基本烟田土地整理项目外，大部分县（市、区）项目建成区域建设内容单一，田块不平整，土壤不改良，配套设施不完善，与高标准农田要求有较大差距。其次，上级政策要求与县级实际运作的矛盾。为推进高标准农田建设，各省（自治区、直辖市）政府专门下文并召开工作推进现场会及电视电话会议，明确要求各县（市、区）将高标准农田建设工作纳入政府的工作重点，并建立政府主要领导牵头、有关部门参加的高标准农田建设领导协调机制，以县为平台，统一规划、统一标准、整合资金、加强考核。但几年来，除试点县（市、区）外，其他大部分规划县（市、区）都没有认真贯彻落实，没有设立领导协调机构，各部门仍旧各自为政，规划、标准不统一，资金不整合，建设区域分散，资金使用分散，建设成效不明显。最后，统一标准要求与实际建设的矛盾。除试点县（市、区）逐渐整合资金按标准建设外，大部分规划县（市、区）依旧按部门专项标准实施，但与严格意义上的高标准农田仍有较大差距。

第二节　新时代粮食安全战略对我国粮食增产的客观要求

　　根据发达国家在粮食生产中逐渐完善的粮食生产政策，可知粮食生产政策的目标具有多元化及阶段性特征，粮食生产政策实施的目标可以总结为保障粮食安全、增强农业综合生产能力、提高农民收入以及实现农业生产的可持续发展。新时代国家粮食安全战略的实施旨在深化粮食生产政策目标，提升粮食生产能力。一系列粮食增产政策与措施的实施，旨在提高粮食生产质量与总量，保障国家粮食安全，增强农业综合生产能力。

一、新时代国家粮食安全战略对粮食生产的要求

　　粮食安全始终是关系国民经济发展、国家安全和社会稳定的全局性战略

问题。新中国成立以来，通过多次粮食战略调整，我国已经形成了相对完善的粮食安全保障体系。我国的粮食产量总体上呈现的是波动式增长的趋势，这种增长与中央粮食战略的调整有一定关系。国家粮食战略经过了20世纪50年代从互助组到统购统销、20世纪60年代的进口粮食缓解粮食危机、20世纪七八十年代的家庭联产承包责任制、21世纪初期至今从取消农业税到严防死守18亿亩耕地红线。我国粮食安全面临种粮的相对收益较低的结构性矛盾，要解决这一矛盾，必须从国家层面加大资本投入和提高基础设施建设能力，大力推动农业科技创新，努力在提高粮食生产能力上挖掘潜力，在优化农业结构上开辟新途径，在转变农业发展方式上寻求新突破，在促进农民增收上获得新成效。自2004年以来，历年的中央1号文件均聚焦"三农"问题，始终强调粮食安全的重要性，这凸显了国家在协调粮食政策运转过程中的重要作用及中央对粮食安全的高度重视。只有保住"安全口粮和放心粮"，才能保证我国到21世纪中叶顺利达到中等发达国家水平。

（一）抓好粮食增产是落实国家粮食安全战略的根本点

"以我为主、立足国内、确保产能、适度进口、科技支撑"的国家粮食安全战略，紧密结合国内外发展的现实，要求在保障国家粮食安全的过程中立足国内，掌握粮食生产与供应的主动权，要求抓住粮食增产的根本点，确保粮食生产产能与高质量发展。故抓好国内粮食增产是落实新时代国家粮食安全战略的根本所在。

1. 立足国内构建国家粮食安全屏障

粮食是人类生存的必需品，是关系国计民生的重要战略物资，具有不可替代性，粮食是特殊产品，不仅具有经济意义上的食物属性，还具有政治属性及军事属性。安谷则昌，绝谷则危。一旦出现粮食危机，不仅影响老百姓的吃饭问题，更严重的是还可能引发社会不稳定，甚至被别国利用作为遏制我国发展的"武器"，而且近年我国随着人口增长及人民生活水平的提高，粮食需求量也呈现出了刚性增长趋势。因此，立足国内实现粮食基本自给，保证口粮绝对安全，构建粮食安全屏障至关重要。另外，粮食危机、气候变化、自然灾害等因素使国际粮食市场的不确定性加大，我国的粮食安全不能寄希望于国际市场，一定要立足于国内，只有立足粮食基本自给，才能掌握粮食安全主动权，进而掌控经济社会发展大局。

2. 提升粮食产能是确保国家粮食安全的根本所在

习近平总书记指出："要研究和完善粮食安全政策，把产能建设作为根本，实现藏粮于地、藏粮于技。"这一论述表明：第一，产能建设是保障粮食安全的根本，是坚持"以我为主、立足国内"的基础。"以我为主、立足国内"必须有充足的粮食保障，过去我国的粮食安全战略强调确保产量，尽管在这一战略指导下实现了粮食产量"十九连增"，但耕地面积有限、农业基础设施薄弱、土地碎片化经营等严峻的现实表明确保产量这一战略难以为继，从长远来看不能从根本上确保我国的粮食安全，因此，粮食安全战略必须实现从确保产量向确保产能转变，必须在提高粮食生产能力上挖掘潜力。第二，确保产能的根本途径在于藏粮于地、藏粮于技。藏粮于地并不局限于对耕地面积的保护，更重要的是强调保护和提升耕地质量，这是确保产能的基础；藏粮于技是依靠科技进步突破资源与环境约束、提升粮食产能的内涵式发展道路，这是保持粮食生产持续稳定发展的方向所在和必然选择，是确保产能的核心。

（二）持续提高粮食生产能力是落实国家粮食安全战略的客观要求

保障我国粮食安全是我国建设和谐社会和社会主义新农村的基础。我国政府将粮食安全理解为能够为我国国民提供一定数量的、结构合理以及质量符合要求的各种食物，而我国专家学者们对粮食安全进行了更深一步的研究。综合起来看，粮食安全不仅包括数量安全，同时还包括结构和质量安全，这三项缺一不可。目前，我国粮食安全总体形势较好，粮食实现"十九连丰"，粮食综合生产能力不断提高，粮食供需实现了基本均衡，为我国经济和社会的发展奠定了坚实的基础。相比第二、第三产业，农业仍是我国经济的弱势产业，并且随着工业化、城镇化发展的加速，我国粮食安全面临的威胁与挑战将越来越多。

相比发达国家，我国政府在农业上的支持力度不足，导致农产品缺乏国际竞争力，我国农业科研的投入力度比发达国家要弱，对农业生产政策的支持水平也远低于发达国家，在农业生产的基础设施条件上和发达国家的差异也存在很大的差距，上述原因均导致我国农业生产的单位成本远高于发达国家。因此，我国粮食生产目前的主要目标应为保证我国粮食安全。中央财政应在现有的粮食生产政策基础上不断完善我国粮食生产政策，扩大粮食生产政策的支持范围，不断借鉴国际经验，探索符合我国国情的粮食生产政策支持体系，促进粮食生产的长期、稳定发展。

二、增强农业综合生产能力保障国家粮食安全

"要牢牢把住粮食安全主动权，粮食生产年年要抓紧。"要把保障国家粮食安全作为头等大事，不断增强农业综合生产能力，确保饭碗牢牢端在自己手里。

（一）长远来看应积极构建节粮减损长效机制

在当前粮食供求紧平衡的背景下，加快构建节粮减损长效机制进而减少粮食全产业链的损失与浪费是保障我国粮食安全的重要途径。

1. 应降低粮食全产业链的损耗率

应通过推广现代化的粮食生产经营模式以及提升粮食收割、运输、储藏的精细化作业水平来降低粮食全产业链的损耗率。鼓励粮食的规模化生产和集约化储藏，积极培育粮食收割、运输与储藏的社会化服务模式，依托互联网和大数据技术构建现代化的粮食物流和仓储体系，充分运用粮食经营的先进理念与科学管理体系来降低粮食产后环节的损耗率。充分发挥财政补贴政策的引导作用，在新型农业设施的建设与推广方面加大财政补贴力度，鼓励粮食种植户和储粮企业改造或更新粮食收割和储藏设施，减少因设备陈旧以及操作不当带来的无谓损耗。

2. 应积极营造节约粮食的社会氛围

应通过舆论引导与宣传鼓励消费者建立合理的消费理念，积极营造节约粮食的社会氛围。一方面，加强对消费者的粮食安全教育，积极引导消费者选择健康的餐饮消费模式，减少对精细化粮食的过度追求，避免为迎合错误的粮食消费观念而导致的粮食过度加工与不合理损耗。充分借助微信公众号、微博等新媒体平台开展节约粮食的宣传推广活动，通过多种推广手段普及节约粮食的相关知识及其对我国粮食安全保障的重要意义，增强人民群众的粮食安全意识，在全社会营造"浪费粮食可耻、节约粮食光荣"的氛围。另一方面，餐饮企业应充分履行自身义务，在餐品规格方面提供多样化的选择与服务，鼓励消费者适量点餐，推广绿色的餐饮消费理念，采取有效措施，建立长效机制，有效减少公众的食物浪费。此外，应积极推进我国节粮减损的法治化工作，通过制定粮食安全保障法、反食品浪费法等一系列法律法规来构建我国节粮减损的法律体系，合理规范粮食生产与消费各环节的行业标准，充分发挥法律机制在

保障国家粮食安全方面的重要作用。

（二）应积极采取有效措施持续提高粮食生产能力

保证粮食安全，关键是巩固提升粮食综合生产能力，确保需要的时候就能产得出、供得上。为此，应不断完善粮食生产政策体系，有效实施"藏粮于地、藏粮于技"战略，支持守住粮食安全底线。

1. 支持耕地保护和农田质量提升

目前，我国耕地面积逐年减少，工业化和城镇化的快速发展使得我国粮食播种面积增长的空间极为有限，故为鼓励农户保护耕地，2021 年国家财政先后安排资金 1 204.85 亿元，稳定实施耕地地力保护补贴政策，积极引导鼓励农民保护耕地地力，提高农田建设标准。其中，安排农田建设补助资金 782.8 亿元、部门预算资金 5.02 亿元，支持全国建设高标准农田 8 000 万亩（含高效节水灌溉），占同期全国高标准农田建设任务总量的 80%，发挥了支持落实藏粮于地、藏粮于技战略和保障国家粮食安全的重要作用。同时，安排财政资金 65 亿元，支持全国 461 个中型灌区约 1 300 万亩有效灌溉面积开展节水改造，提高农业用水灌溉效率。加大黑土地保护利用支持力度，安排资金 36 亿元，较 2020 年增加 12 亿元，积极支持开展黑土地保护利用及保护性耕作。另外，财政部也会同相关部门印发通知，支持各地区根据重点任务，按照"各炒一盘菜、共做一桌席"的思路，按规定统筹相关转移支付和中央基建投资用于黑土地保护利用，发挥政策集成效应，形成政策合力。

2. 大力优化粮食品种结构

目前，我国粮食生产过程中存在品种结构矛盾加剧的态势，粮食品种优质率有待进一步提升，稻谷、玉米供需总量长期紧张，大豆进口依存度逐年上升，粮食品种之间以及粮食与经济作物之间长期存在争地矛盾。同时，种业作为农业发展的"芯片"，发展长期滞后。应继续发挥国家现代农业产业园平台优势和作用，支持新创建若干个国家现代化产业园，提升现代种业的产业全链条发展水平。另外，也应加大种质资源保护与利用投入保障，通过农业相关转移支付、部门预算等多个渠道，支持开展遗传资源保护和生产性能测定、全国农作物种质资源普查与收集等相关工作。

3. 支持提升农业防灾减灾救灾能力

为尽快改善我国长期面临的自然灾害频发、水资源短缺严重等影响粮食生产的不利局面，国家出台了一系列提升农业防灾减灾救灾能力的措施。例如，支持加快实施防汛抗旱能力提升工程，2021 年安排财政资金 262.53 亿元，支持各地开展中小河流治理、小型水库除险加固、山洪灾害防治等工作，不断提升各地水旱灾害防御能力。安排财政资金 51 亿元，对各地农村饮水工程、小型水库、山洪灾害防治设施等小型水利工程维修养护予以适当补助，确保工程长运行、人民长受益。支持农业生产和水利救灾，2021 年国家财政分 10 批下达地方农业生产和水利救灾资金 74 亿元，支持包括河南、山西、陕西在内的各受灾地区做好农作物重大病虫害防控、防汛抗旱、安全度汛、地震救灾等相关工作，帮助灾区及时恢复生产生活，实现稳定农业农村发展、减少农民损失等目标。财政部等相关部门也积极贯彻落实党中央、国务院决策部署和国务院常务会议相关要求，第一时间摸底调查了河北、山西、山东、河南、陕西 5 省秋收及秋冬种面临的困难，同时统筹分析研判，及时制定了资金分配方案，并报经国务院同意，一次性新增安排了 14 亿元资金，对上述 5 省开展农田排涝、粮食烘干收储，购置燃油、肥料、种子（苗）等农业生产恢复所需物资材料及服务给予补助。

4. 大力推进农业机械化与农业生产社会化服务

为大力推进农业机械化作业力度，2021 年财政部等相关部门安排专项农机购置补贴财政资金 190 亿元，比 2020 年增加 20 亿元，支持购置先进适用农业机械等工作。同时，2021 年 3 月，财政部也会同农业农村部联合印发了《2021—2023 年农机购置补贴实施指导意见》，优先保障粮食等重要农产品生产、丘陵山区特色农业生产以及支持农业绿色发展和数字化发展所需机具的补贴需要，支持推广使用北斗智能终端设备。同时，也积极推进农业生产社会化服务，国家农业生产相关主管部门围绕粮、棉、油、糖等重要农产品和当地特色主导产业，集中连片开展社会化服务。采取先服务后补助的方式，支持专业服务公司、供销合作社等各类服务主体，提升服务的市场化、专业化、规模化、信息化水平。支持江西、湖南等早稻主产省份重点推广早稻生产托管等社会化服务。

第三节　新时代农业基础设施与粮食生产的耦合现状

一、农业基础设施的改善提高了粮食生产单产水平

加强农业基础设施建设，提高粮食生产单产水平，提升农业综合生产能力，是发展现代农业的重要任务，是保障粮食安全的基础性工作，也是建设社会主义新农村的基础及农村经济持续发展的标志。

（一）农田水利化水平的提高促进了粮食生产单产水平的提高

农业基础设施建设是现代农业发展的基石。各地区积极抓住国家扩大内需及增加投资的机遇，积极加强农田水利工程建设，建成一批关系农业发展、关系良田水利建设的工程项目，加快了对原有农业水利设施的升级改造，并积极完善大型水利工程配套工程，提高了"旱能灌，涝能排"的高产稳产田比例，为提高粮食单产水平、提升农业综合生产能力提供了水资源方面的良好支撑。

（二）大型农机具配套的完善促进了粮食生产单产水平的提高

目前，大型农机具的保有量持续增加，大型农业基地的生产已基本实现机械化。随着土地流转模式的转变，家庭农场及大型农业生产基地的出现，使得规模化、机械化经营已成为现代农业的标配，推广使用播种、灌溉、收割及仓储等大型农业机械已成为大势所趋，在现在的农业生产特别是主粮生产的过程中，充分发挥大型农业机械功能多、马力强、标准高、作业覆盖面大的优势已成为常态。目前，一些农机补贴及综合补贴制度的实施，真正做到了公开公正公平，对农民购买大型农机具发挥了积极的促进作用，各种惠农政策也真正提高了农民种粮的积极性与主动性。同时，大力推广大型农业机械的田间作业，打破犁底层，使深耕土壤既蓄水保墒，又抗旱防涝，改善了土壤理化结构；而且大力推广大型农业机械，也在一定程度上解放了农业劳动力，提高了农业劳动的工作效率。

（三）中低产田的良田改造措施提高了土地的产出量

加快中低产田改造步伐是大幅度增加粮食产能的重要举措。良田改造对

于扩大耕地规模、提高耕地质量，进而提高粮食生产单产水平具有重要作用，故当前的良田改造对保障 18 亿亩耕地红线、保障国家粮食安全意义重大。一是大部分地区实施了沃土工程，提高了土壤有机质含量。通过测土配方施肥、平整土地、秸秆还田、增施农家肥等措施进行改土，提高土壤有机质含量，达到改善中低产田的目的。二是部分地区也进行了土地复垦整理，建设高产稳产农田。地下开采等造成土地塌陷，导致耕地质量下降，对粮食种植带来不利的影响，应积极进行集中连片整改，按照规模效益的原则，逐步建成高产稳产农田。三是加大了深松整地力度，改善土壤理化性状。建立深松整地相配套的补贴政策，通过深松、深施肥、合理秋翻秋整地，改善了土壤理化性状。

（四）农业科技设施的投入促进了粮食生产的标准化发展

加大科技投入，依托数字技术提升农业基础设施的科技化程度，是提高农作物单产水平、提高粮食产能的重要途径和措施。一是依托农业科技设施推广了粮食生产适用技术，提高了粮食单产水平。通过推广三大主粮育苗技术和扩大标准化大棚育苗范围，推广了三大粮生产的密植经验和方式，达到了增产增收的目的；通过推广测土配方施肥、综合防治病虫草害等常规技术，提高了农作物的产出率。二是依托农业科技设施加大了优良品种试验示范，为增产增收提供了种子和设备保证。加快农作物品种更新速度，力争主栽品种 3～5 年更新更换一批，提高优良品种的覆盖率。三是依托先进技术和设备加大了示范园区的范围和数量，为农民树立了科技样板。建设了一批优质水稻、玉米、小麦等高科技农业示范园区（田），提高了粮食生产的单产水平和质量。依托农业科技设施加强了自然灾害预测预报，提高了农业抵御自然风险和农业抗病虫草害的能力，全面提高了粮食综合生产能力，为现代农业发展奠定了坚实基础。

二、农业基础设施的改善优化了粮食生产结构与布局

（一）水利设施的改善优化了粮食生产的结构与布局

水利设施条件的改善是影响我国粮食生产布局变化的重要因素之一。从历年全国各区域有效灌溉面积年均增长率（图 2-4）来看，东北地区有效灌溉面积增长最为明显，1978 年东北地区有效灌溉面积最低，为 264.88 万公顷，

2021 年增长至 826.01 万公顷，年均增长率为 7.30％，在七大区域中排名由最后一名上升至第四名，超过了华南、西南和西北地区，已经接近华北和华中地区水平。其次是华中和华北地区，不管是有效灌溉面积的绝对量还是年均增长率都处于较高水平。华东地区一直是有效灌溉面积最大的区域，而且也保持了稳定缓慢增长的态势，年均增长率为 0.56％。华南地区自 1993 年起被东北地区超越，成为全国有效灌溉面积最低的区域，30 年来有效灌溉面积年均增长率为 0.12％，是全国有效灌溉面积年均增长率最低的区域。西南和西北地区的有效灌溉面积也基本呈现逐年增长态势，分别从 1978 年的 445.86 万公顷和505.78 万公顷增长至 2021 年的 611.82 万公顷和 794.94 万公顷，年均增长率分别为 0.91％和 1.30％。

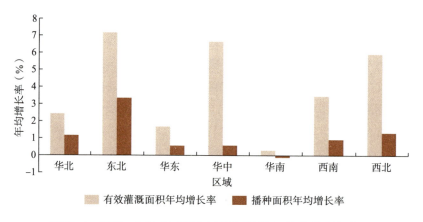

图 2-4 1978—2021 年全国各区域有效灌溉面积年均增长率和
播种面积年均增长率

（二）农田质量的修复优化了粮食生产的结构与布局

通过农田休耕、移除重金属或降解有机污染物等方法净化土壤，提高土壤生产力、提升土壤环境质量并修复生物质资源综合利用，实现农产品安全、生态安全和经济效益的最大化。例如，采取只耕不种或不耕不种的方式恢复地力；采用"治"的方式，以绿色修复技术移除土壤中重金属，减少土壤重金属含量；采用"培"的方式，通过增施有机肥或种植绿肥、农艺措施结合等方式提升土壤肥力。通过综合治理耕地提高环境质量、提升肥力水平，进而实现粮食生产质量的提升和粮食种植结构的调整。图 2-5 为不同植物组合轮作下土壤微量元素 Cu、Zn、Fe、Mn 有效态含量的变化，其中 DTPA 全称为 diethylen-tria minepentaaceticacid，为一种用于构建磁性吸附剂的化合物，可去除复杂废水中的重金属和染料。

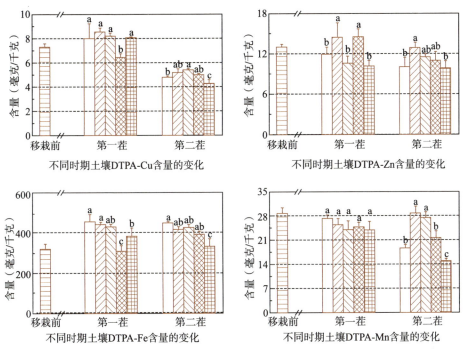

图 2-5 不同植物组合轮作下土壤微量元素 Cu、Zn、Fe、Mn 有效态含量的变化

我国有效灌溉面积不到全国耕地总面积的 1/2，却生产了占全国 3/4 的粮食、3/5 的经济作物和 4/5 的蔬菜，而且产量稳定，这充分体现了农业基础设施建设对促进我国粮食综合生产能力的强大作用。因此，发达的农业基础设施对于改善粮食生产条件、降低粮食生产成本、提高粮食生产率等具有十分重要的作用，完善、高效的农业基础设施是确保粮食产量持续增长和粮食综合生产能力稳步提高的基本条件。

第一节　农业基础设施影响粮食生产效率的机制分析

一、农业基础设施建设有利于粮食生产效率的提升

粮食生产过程中所需的优质种源、先进科学的种植技术、快速便捷的运输条件、安全良好的存储设备都需要农业基础设施来提供，良好的农业基础设施不仅能极大地降低粮食生产成本，而且能避免粮食生产过程中不必要的风险和浪费。尤其是农业基础设施分类中的农业机械，它在提高粮食生产力方面可谓功不可没。农业生产中，农业机械大大改善了农业生产条件，提高了劳动生产率和生产力水平，为粮食生产规模扩大、品质提高提供了保障。多年来，我国粮食产量不断攀上新的高峰，有如此成绩离不开农业机械化快速发展的巨大贡献。

同时，农业基础设施建设还有助于提高土地产出率和资源利用率，并进而促进粮食综合生产能力和产量的提高。从长期来看，稀缺的土地资源和水资源是我国多数地区农业生产的两大制约因素。在我国当前耕地面积逐年减少，耕地资源与水资源分布不匹配的情况下，粮食单产能够逐年增加的根本原因就是

依赖农田水利等农业基础设施的不断完善和农业科技的大量投入。在此基础上，有学者曾运用灰色系统预测模型预测我国粮食单产将会由 2020 年的 5 346.9 千克/公顷，提高到 2030 年的 5 735.4 千克/公顷。故完善农田水利等农业基础设施后，我国粮食单产将至少有 400 千克/公顷的上升空间。

二、农业基础设施建设对粮食生产效率提升的外溢效应

农业基础设施的改善促进了我国农业经济和农业技术效率增长、保障了农业可持续发展（Chen et al.，2008；汪小勤等，2009），同时农业基础设施的改善也是促进粮食生产率的提高、带动粮食增长的最重要途径。而且在控制不可观察变量和地区变量的情况下，农业基础设施建设等公共资本对农户等私人部门的生产率没有影响，但在地区层面却存在显著的外溢效应。

（一）国内外学者进行了较深入研究

当前，国内外众多学者以此为突破口展开了深入研究。其中，灌溉设施促进了技术进步，电力设施促进了技术进步和规模经济。汪小勤和姜涛（2009）以有效灌溉面积和电力消费作为公共投资的替代变量分析发现，灌溉设施和电力设施对农业技术效率提升具有积极影响。但汪小勤和姜涛也认为，政府增加农村地区公共投资能显著提高农业技术效率的结论有待商榷，忽视了中国小农经营客观存在的局限性。李宗璋和李定安（2012）经过分析也发现，水路和公路的普及程度对我国各省份农业生产技术效率的提升有显著的推动作用，但铁路运输网对农业生产技术效率的改进效果尚不明显。在农业内部，基础设施对种植业、畜牧业等产业也存在不同的影响。Thirtle 等（2003）运用时序 Malmquist 指数测算农业和商业部门的多要素生产率，研究表明经济较发达地区的畜牧业从基础设施投资中获益，而种植业的生产率出现下降。"速水-拉坦假说"提出国家与国家之间的农业总生产率差异可以归结为要素投入和人力资本的不同，Antle（1983）运用包含基础设施变量的 C-D（柯布-道格拉斯）生产函数验证这一假说，发现在发达国家和发展中国家基础设施对农业生产率均有正面影响。在有效处理常规农业生产要素的系统性分析误差的基础上，Craig 等（1997）测度 98 个国家土地和劳动力的农业生产率发现，公共基础设施、常规生产要素及其质量都是决定农业生产率的重要因素。对不同生产规模的农户而言，农村电力设施和公路设施是决定农业生产率的重要因素，灌溉设施也有一定的影响（Helfand et al.，2004）。就具体基础设施而言，道路基础设施

能够改善教育状况、影响粮食部门劳动力配置、提高农业（特别是经济作物相关的）新技术效率（Charles，2010）；电力设施会改善农村地区生活状况和教育条件，加速农业信息、新技术的传播和应用。

通常，在生产要素价格和农业总产值既定的条件下，生产者都是追求成本最小化的理性人或有限理性人。关于农业基础设施等公共投资对粮食生产效率的相关研究，基于成本最小化理论的理论框架在生产率增长中测度基础设施的贡献（Morrison et al.，1996；Vigverberg et al.，1997），从农业技术效率中分离出农业基础设施的贡献率（Nadiri et al.，1994）。

（二）溢出效应的基本原理

不考虑农业生产的土地成本，并将劳动力（L）、农业固定资本存量（K）作为生产要素纳入粮食生产函数模型之中。当前，常用的一种方法是将农业基础设施视为纯公共物品分析其经济影响（Zorrison et al.，1996；Nadiri et al.，1994），假定农户使用农村公路和灌溉设施不存在成本、不影响微观生产决策，将农村公路（R）和灌溉设施（I）作为固定投入要素纳入成本函数的形式如下：

$$C=C(P_L,P_K,R,I,Y,T) \tag{3-1}$$

其中，P_L、P_K分别表示劳动力工资、固定资本投资价格，R表示农村公路状况的等外公路里程数，I表示反映农业灌溉设施综合状况的有效灌溉面积，Y为农业总产值，T表示技术变化。在$C=P_L \times X_L + P_K \times X_K$的道格拉斯生产函数中忽略了农业基础设施等公共投资对生产要素的互补或替代效应的分析，故本章采用Christensen等（1973）提出的能够表示有偏技术进步、形式简单、易于估算的超越对数生产函数，并在Mamatzakis（2003）建立的实证模型中引入等外公路设施和农业灌溉设施，其形式如下：

$$
\begin{aligned}
\ln C = {} & a_0 + \sum_{i=1}^{k} a_i \ln p_i + a_R \ln R + a_I \ln I + a_Y \ln Y + a_T T \\
& + \frac{1}{2} \sum_{i=1}^{k} \sum_{i=1}^{k} a_{il} \ln p_i \ln p_i + \frac{1}{2} a_{RR} (\ln R)^2 + \frac{1}{2} a_{II} (\ln I)^2 + \frac{1}{2} a_{rr} (\ln Y)^2 \\
& + \frac{1}{2} a_{TT} T^2 + \sum_{i=1}^{k} \beta_{iR} \ln P_i \ln R + \sum_{i=1}^{k} \beta_{iI} \ln P_i \ln I + \sum_{i=1}^{k} \beta_{iY} \ln P_i \ln Y \\
& + \sum_{i=1}^{k} \beta_{iT} \ln P_i T + \gamma_{RI} \ln R \ln I + \gamma_{RY} \ln R \ln Y + \gamma_{RT} \ln R T + \lambda_{IY} \ln I \ln Y \\
& + \lambda_{IT} \ln I T + \omega_{YT} \ln Y T
\end{aligned}
\tag{3-2}
$$

同时，为保证公式3-2满足单调性、凸性的条件，假设其是生产要素价格的一阶齐次线性方程，可做出如下假定：

$$\sum_{i=L} a_i = 1，且 \sum_{i=L} a_{iL} = \sum_{i=L} \beta_{iR} = \sum_{i=L} \beta_{iI} = \sum_{i=L} \beta_{iY} = \sum_{i=L} \beta_{iT} = 0$$

$$(3-3)$$

根据谢泼德引理（Shephard's lemma），在产量和各种投入要素价格一定情况下由公式 3-2 可得出各种投入要素满足成本最小化的支出比例为：

$$S_i = \frac{\Delta \ln C}{\Delta \ln P_i} = a_i + \sum_{i=L}^{K} a_{iL} \ln P_L + \beta_{iR} \ln R + \beta_{iI} \ln I + \beta_{iY} \ln Y + \beta_{iT} T$$

$$(3-4a)$$

依托 Teruel 和 Kuroda（2005）对基础设施对生产成本的弹性系数的分析，分析农业基础设施对生产成本和农业技术效率的影响。根据弹性理论可以分别得出农业生产成本（C）对农业总产值（Y）、等外公路（R）和有效灌溉面积（I）的弹性系数为：

$$\eta_Y = \frac{\Delta \ln C}{\Delta \ln Y} = a_Y + a_{YY} \ln Y + \sum_{i=L}^{K} \beta_{iY} \ln Y + \gamma_{RY} \ln R + \lambda_{IY} \ln I + \omega_{YT} T$$

$$(3-4b)$$

$$\eta_R = \frac{\Delta \ln C}{\Delta \ln R} = a_R + a_{RR} \ln R + \sum_{i=L}^{K} \beta_{iR} \ln P_i + \gamma_{RI} \ln I + \gamma_{RY} \ln Y + \gamma_{RT} T$$

$$(3-4c)$$

$$\eta_I = \frac{\Delta \ln C}{\Delta \ln I} = a_I + a_{II} \ln I + \sum_{i=L}^{K} \beta_{iI} \ln I + \gamma_{RI} \ln R + \lambda_{IY} \ln Y + \lambda_{IT} T$$

$$(3-4d)$$

引起生产要素投入结构变化是基础设施发挥作用的重要方面。公式 3-4c 与公式 3-4d 分别表示等外公路和有效灌溉面积对农业生产成本变动的影响。通过公式 3-4a 可以得出生产要素投入份额对等外公路和有效灌溉面积的弹性系数，即这两种基础设施对生产要素的偏效应，分别为：

$$\eta_{iR} = \frac{\Delta \ln S_i}{\Delta \ln R} = \frac{\beta_{iR}}{S_i} \quad i = L, K \qquad (3-5a)$$

$$\eta_{iI} = \frac{\Delta \ln S_i}{\Delta \ln I} = \frac{\beta_{iI}}{S_i} \quad i = L, K \qquad (3-5b)$$

通过优化生产要素投入和农业生产成本的组合结构，农村基础设施能够发挥生产效应，而公式 3-5a 和公式 3-5b 仅仅反映农村基础设施对生产要素投入的具体表现之一。引起生产率的变动间接影响生产要素投入及其相互间比例的变动，是农村基础设施外溢效应的具体体现。因此，农村基础设施的总效应表现为中性的农村基础设施对农业生产要素投入影响、引起生产要素投入比例变动两部分，等外公路、灌溉设施对农业生产要素投入的影响分别为：

$$\varphi_R = \eta_R + \eta_{iR} = \eta_R + \frac{\beta_{iR}}{S_i} \quad i = L, K \qquad (3-6a)$$

$$\varphi_I = \eta_I + \eta_{iI} = \eta_I + \frac{\beta_{iI}}{S_i} \quad i = L, K \qquad (3-6b)$$

根据经济增长核算理论，在规模报酬状况未知、将等外公路和灌溉设施引入产出函数的情况下，技术进步对经济产出的贡献为：

$$-\varepsilon_{CT} = \varepsilon_{CT} \frac{\Delta Y}{Y} - \sum_{i=L}^{K} S_i \frac{\Delta X_i}{X_i} - \eta_R \frac{\Delta R}{R} - \eta_i \frac{\Delta I}{I} \qquad (3-7)$$

公式 3-7 中 ε_{CY} 为成本 C 对产出 Y 的反应系数，ε_{CT} 为技术变动 T 对成本 C 的影响系数。η_R、η_I 分别是等外公路和有效灌溉面积的影子份额（shadow share）。技术进步通常会降低生产成本，故 ε_{CT} 前面的符号为负号。在规模报酬不变、$\varepsilon_{CY}=1$ 的情况下，公式 3-8 即为常用的 TFP（全要素生产率）增长核算方程，即：

$$TFP = \frac{\Delta Y}{Y} - \sum_{i=L}^{K} S_i \frac{\Delta X_i}{X_i} \qquad (3-8)$$

联立公式 3-7、公式 3-8 可得不同生产要素贡献的生产率增长的函数式：

$$TFP = -\varepsilon_{CT} + (1-\varepsilon_{CT}) \frac{\Delta Y}{Y} + \eta_R \frac{\Delta R}{R} + \eta_i \frac{\Delta I}{I} \qquad (3-9)$$

公式 3-9 将衡量技术效率增长的索罗余量分解为技术进步、规模经济、等外公路设施贡献、有效灌溉面积贡献四个组成部分。

第二节　农业基础设施影响粮食生产成本的机制分析

一、农业基础设施建设可有效降低粮食生产的成本

当前农民增收出现困难的很大原因出在交易成本上，交易成本使农民种植粮食的"微薄之利"更加缩水，因此为了提高种粮户的收益，当务之急就是要降低交易成本。乡村道路等交通设施的改善可大大减少运输成本；农用仓库可防止粮

食霉烂变质，减少粮食损耗，降低粮食储藏成本；发达的粮食信息系统以及培训后农民科技文化素质的提高，都可以提高种植决策效率、减少决策成本。总而言之，农业基础设施的完善有利于降低交易成本，提高粮食的市场竞争力，最终达到农民增收的目的。此外，粮食生产专业化、规模化、产业化生产需要一定的灌溉、收割、运输等专业技术条件，更有赖于一定的基础设施条件。

同时，一系列农业基础设施的建设还可以降低粮食生产过程中的自然风险与市场风险，进而降低生产与市场销售成本。自然风险是指与农业生产密切相关的自然灾害性因素，如暴风雨、洪涝、干旱、冰雹、霜冻、病虫害等都会给农业生产造成损害，轻则减少粮食产量，重则导致绝产绝收。市场风险同自然风险一样也是客观存在的，农业市场化的推进必然带来农业市场风险，它是指由于市场供求失衡而导致的农产品价格波动给农业生产经营者带来收益减少的可能性。

对于以上这两种风险，各种农业基础设施都有一定的防范功能。如农田水利设施可有效地抵抗自然风险，提高农业抗灾抗旱能力；农产品市场中的价格信号系统、信息传播系统以及农产品储备系统大大地降低农产品的市场风险，减轻市场力量引起的价格剧烈波动，稳定了农产品的生产与销售，保障了农业生产者的收益；完善的病虫害防治和预测、预报系统还可以减少农作物病虫害造成的损失，降低自然风险。

二、农业基础设施建设对粮食生产交易成本降低的外溢效应

（一）最优生产要素组合理论

本章依据最优生产要素组合理论对农业基础设施建设对粮食生产交易成本降低的外溢效应展开相应研究。在农业生产过程中，要素的投入量是可变的，有限理性①的农民会在一定的范围内选择最优的生产要素组合进行生产。这可以采用等产量曲线和等成本曲线，从既定条件下的最大产量或既定产量条件下的最小成本两个方面分析，而这两个方面分析的本质是相同的。结合本章的研究目标，此处以既定产量条件下的成本最小化为理论基础。

---

① Simon（1957）提出：人在决策过程中受现实条件的限制，谋求最优解得到的结果只能是满意解。思想观念和行为规则会制约个人理性行为，这是新制度经济学用以否定新古典经济学完全理性的重要理由。因此在农业经济学领域也可以认为农民是有限理性的。

假定生产只使用劳动和资本两种生产要素，生产者在既定产量条件下实现最小成本可以用图 3-1 加以说明。

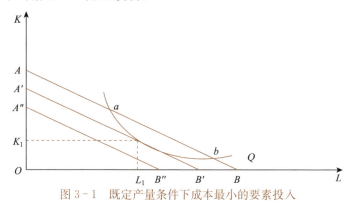

图 3-1　既定产量条件下成本最小的要素投入

图 3-1 表示既定产量的等产量曲线 Q 和代表不同成本的三条不同要素投入组合的等成本线 AB、$A'B'$、$A''B''$。由分析可知，生产要素投入的均衡点在等成本线 AB 与等产量曲线 Q 的切点（具体分析过程略）。这一切点表明，在既定产量的条件下，生产者选择要素组合（OK_1，OL_1）能够实现成本的最小化，即使两种生产要素的边际技术替代率等于两者的价格之比，生产者才可以实现既定产量条件下的最小成本。这是因为，为实现既定产量条件下的最小成本，生产者可以通过不断调整两种要素投入量，使得用于每种生产要素的最后一单位成本支出所增加的边际产量相等（高鸿业，2011）。

（二）溢出效应的基本原理

农业生产要素主要包括以土地为代表的自然资源、资本、劳动力和科学技术，对这些生产要素进行有机组合才能开展农业生产活动，其投入量直接决定生产技术效率和农产品竞争力，影响生产者后期农业生产投入决策。要素投入与产出的数量关系可以表示为：

$$Y = f(R, K, L, T) \qquad (3-10)$$

公式 3-10 中，Y 为产出，R 为土地，K 为资本[①]，L 为劳动力，T 为科

---

①　在农业生产中，资本是指不能直接用于消费但可以提高生产效率的劳动产品，其可以分为物质资本和货币资本两类：物质资本是以实物形式存在的生产资料，而货币资本是生产过程中用于购买物质资本、以货币形式存在的资本（钟甫宁，2011）。对农业资本本书的重点主要集于物质资本方面，但其衡量指标和计算方面在学术界一直备受争议。基于数据的可得性和有效性，本章的资本主要是指来源于《中国统计年鉴》的农业固定资本。

学技术。在假定基础设施的使用不存在拥挤效应的条件下，公共物品模型隐含：基础设施等公共物品直接影响劳动力的生产效率、提高生产要素的边际产出，是农业生产要素的替代品。因此，Barro（1990）将基础设施视为作用于劳动力的因素引入公共产品模型，这种观点与 Gramlich（1994）、Duggal 等（1990，2007）、安第斯发展集团（2011）不认为基础设施是一种生产要素的观点并不矛盾，因为从产出角度而言，基础设施能提高其他生产要素的边际产出。基于公共物品模型，本章将政府提供的农村基础设施纳入柯布－道格拉斯农业生产函数，则农业生产函数可以表示为：

$$Y = AR^{\alpha}K^{\beta}L^{\delta}M^{\rho}G^{\delta} \tag{3-11}$$

公式 3-11 中，A 代表经济技术状况的全要素生产率（TFP），$0 < \alpha$、β、δ、$\rho < 1$。该方程式表明农业生产对土地 R、资本 K、劳动力 L、中间投入品 M、农业基础设施 G 可能存在规模报酬递增、规模报酬递减、规模报酬不变三种影响情况。基础设施影响农业的两个重要机制之一就是作用于农业生产成本，后者通常可以通过成本函数反映。成本函数表明在技术水平和要素价格不变的条件下，成本 C 与产出 Y 之间的相互关系。1978 年我国实施家庭联产承包责任制之后，农户上缴国家的定购任务、乡村集体的提留与统筹，相当于土地租金（蔡防等，2008）。2006 年，我国全面取消农业税，土地承包者进行农业经营不再缴纳地租。因此，只考虑资本 K、劳动力 L、中间投入品 M 三种要素投入，最优化条件下的成本函数可以表示为：

$$\min C = K \times P_K + L \times P_L + M \times P_M \tag{3-12}$$

$$\text{s. t. } Y = Ak^{\beta}L^{\epsilon}G^{\delta}M^{\rho} \tag{3-13}$$

公式 3-12 中 P_K、P_L、P_M 分别表示利率、工资及中间投入品价格，则采用拉格朗日方法联立公式 3-12、公式 3-13，可得：

$$C = 3P_K \left(\frac{P_K^{\beta} \times P_L^{\epsilon} \times P_M^{\rho} \times Y}{A \times P_L^{\beta+\rho} \times G^{\delta}} \right)^{\frac{1}{\beta+\epsilon+\rho}} \tag{3-14}$$

则由公式 3-14，可知地租、利率、工资、农村基础设施和技术与农业生产成本存在非线性关系。对公式 3-14 取对数形式，并引入以上两种农村基础设施可以得出如下函数：

$$\ln C = \alpha_0 + \beta_1 \ln I + \beta_2 \ln R + \beta_3 \ln P_K + \beta_4 \ln P_L + \beta_5 \ln P_M + \beta_6 \ln Y$$

$$\tag{3-15}$$

中国各省份在生产要素价格、科技水平等方面存在差异，采用普通最小二乘法（OLS）不能准确描述公式 3-15 中灌溉设施（I）、以等外公路为主的农村公路（R）对农业生产成本 C 的变化范围和条件分布形状的影响。从决策的角度考虑，针对随机变量在不同分位点的情况采取的政策也应该有所差异，特别是在中国东、中、西部经济发展水平差距较大的现实情况下。因此，本章采用分位数回归分析等外公路和灌溉设施对农业生产成本的影响，分位数回归模型可以写为：

$$\ln C_{it} = \alpha_i + X_{it}\beta_\theta + \mu_{it}, Q_\theta(\ln C_{it} \mid X_{it}, \beta_\theta) = X_{it}\beta_\theta \qquad (3-16)$$

其中，X_{it} 为自变量向量，α_i 为模型的截距项，β_θ 为参数向量，$\ln C_{it}$ 为给定 X 时 $\ln C_{it}$ 的 θ 条件分位数，θ 回归分位数（$0<\theta<1$）对应的参数向量 β 通过最小化公式 3-16 得到：

$$\min\alpha_i(\theta), \beta(\theta)\{\sum_i\sum_t[\theta \mid \ln C_{it} - a_i(\theta) - X_{it}\beta(\theta)] +$$
$$[(1-\theta) \mid \ln C_{it} - \alpha_i(\theta) - X_{it}\beta(\theta)]\} \qquad (3-17)$$

第三节　农业基础设施影响粮食种植结构的机制分析

自然条件是农业生产的最根本的前提之一，地区经济发展也会以外溢效应的形式直接影响农业种植结构。

一、粮食生产的种植结构变化

具有生产决策自主权的家庭承包经营保证了决策的便捷与及时、劳动者的劳动投入与报酬形成正向激励机制，有力推动我国家庭联产承包责任制在全国迅速推广。1982 年底，包干到户形式经营的比例由 1980 年的 5% 增长到80.9%，到 1984 年进一步增长为 99.0%。1986 年，增加生产要素投入、劳动力转移、农产品价格调整、流通体制等方面的农村改革，改善了农业生产的激励结构，进而促进农业种植结构的进一步调整。1978—2000 年，主要农作物种植结构的变迁主要表现为：粮食作物种植面积减少，油料、蔬菜与瓜果的种植面积大幅增长。其中，作物总播种面积中粮食作物种植比例由 1978 年的80.34%，下降为 2012 年的 68.05%；油料作物比例在 1978—1985 年的农村改革初期增加近一倍，此后维持在 8% 左右波动；蔬菜与瓜果的比例在近 30 多年整体持续增长，2012 年达到 13.93%；棉花和其他农作物所占比率的变化通常在 1 个百分点左右。特别是在加入世界贸易组织（WTO）后，我国农业增长根据农业比较优势的动态变化，利用国内和国际的两个市场和两种资源，最大限度提高了农业的生产效率和资源配置效率。

就地区层面的发展而言，1978 年之后我国东、中、西部的农业种植结构也发生了显著调整，1979 年改革之后中国粮食作物产量大幅增长，1984 年之后家庭联产承包责任制改革基本完成，我国也基本解决了国民温饱问题，这促使粮食作物种植面积减少，为其他作物的种植腾出了空间。特别是加入 WTO 后，我国农业增长的动态变化，更是最大限度地提高了农业的生产效率和资源配置效率，这也推动了 2020 年之后大豆、玉米、油料作物及棉花等的带状发展，进一步加速了我国农业种植结构的调整。当然中国种植业结构的调整在实现农业生产要素优化配置的同时，也给国内粮食生产安全提出了严峻挑战。

二、农业基础设施建设对粮食生产种植结构改善的外溢效应

（一）农业区位理论

与种植结构相关的代表性理论是农业区位理论。为排除土地条件、土地肥力、地域特征等因素的干扰，探讨市场距离对农业种植结构的影响，冯·杜能采用孤立化的方法给定了六个假定条件：肥沃的平原中央只有一座城市；不存在可以用于航运的河流和运河，马车是唯一交通工具；所有土地的土质条件相同，任何地点都可以耕作；距离城市 50 英里（约 80.47 千米）以外是隔绝城市与其他地区的荒野；人工制品由中央城市供给，农产品来源于城市周边的平原；矿山和食盐生产点都在城市附近（李小建，1999）。在假定农业生产者是追求地租收入最大化的情况下，运费与距离及重量成比例，运费率因作物而异。冯·杜能一般地租收入公式为：

$$R = PQ - CQ - KtQ = (P - C - Kt)Q \qquad (3-18)$$

公式 3-18 中，R 为与距城市的距离成正比例的地租，且每种作物都有一条地租曲线，其斜率由运输的难易程度决定，不易运输的农作物斜率通常较大；P 为农产品的市场价格；C 为农产品的生产费；Q 为农产品的生产量（等同于销售量）；K 为距市场的距离；t 为农产品的运费率。公式 3-18 表明，市场距离是影响农业种植结构的决定性因素。虽然农业区位理论是在一定的理论假设的情况下推演得出的一般性理论，但其抓住了问题的关键，可以用于宏观及微观层面的现实土地利用研究。此外，公路设施特别是等级公路，能够在运输方面突破区位的限制；灌溉设施是保障农业生产的重要条件，是影响农户决

策的内在因素。从产业发展来看，公路设施所决定的运输成本通常会决定产业聚集和分散力量形成经济格局的方式（Krugman，1993）。

（二）溢出效应的基本原理

为使得省际不同年份的基础设施具有可比性，本书分别考虑人均有效灌溉面积、人均等级公路里程、人均等外公路里程作为衡量灌溉设施、等级公路、等外公路等农业基础设施对种植结构影响的溢出效应的指标。灌溉设施和公路设施在使用中存在网络效应，其对农业种植结构的影响不一定是线性的。同时，粮食直接补贴政策是政府近年实施的重要农业政策之一，其促进了农民"三位一体"角色的分化（钟甫宁等，2008）。本章也将粮食直补政策和地区特征对农业种植结构的影响考虑在内。为反映各因素的影响、提高模型的精度，有必要采用虚拟变量的方法将其引入模型。面板数据模型除了能够充分利用样本信息之外，还能够显著增加自由度、降低变量之间的共线性、从不同的经济理论建立的模型中识别正确的模型等优势（李子奈等，2012）。因此，采用含有虚拟变量且为对数形式的面板数据模型更能反映农业基础设施对种植业结构调整的作用机制，设定以下模型：

$$\ln S_{it} = \alpha_i + \beta \ln GDP_{i,t} + \delta_1 \ln I_{i,t} + \delta_2 \ln R_{i,t} + \delta_3 Z_{i,t} + \varepsilon_{i,t}$$

$$(3-19)$$

公式3-19中，被解释变量为粮食作物播种面积占农作物总播种面积的比例 S_{it}；解释变量包括有效灌溉面积 $I_{i,t}$、等外公路里程 $R_{i,t}$、地区人均 $GDP_{i,t}$、政策变量 $Z_{i,t}$（虚拟变量），$\varepsilon_{i,t}$ 为残差项，假定其满足独立同分布的性质；i 代表地区，t 表示年度，β、δ_1、δ_2、δ_3 均为待估参数。

第四节　农业基础设施对粮食生产的作用机制分析

国内外学者对于农业基础设施在粮食生产及农业发展中生产效应量的研究较为少见，仅有少量基于省级面板数据分析基础设施的农业生产效应及其作用机制的研究。以农业灌溉设施与农村公路为代表分析农业基础设施对农业特别是粮食生产发挥效应的作用机制，如图3-2所示。

在农业领域，是否将基础设施视为一种生产要素，导致其对农业发展存在增长效应或外部性。例如，灌溉设施直接影响农业生产过程，能够发挥对生产要素的互补效应或替代效应，进而影响技术效率、要素投入和生产成本。同

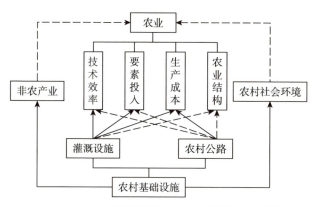

图 3-2　农村基础设施的农业生产效应作用机制

时，灌溉设施状况也会间接影响以经济作物为主的种植结构。低效率的灌溉会阻碍农业基础设施建设和农业种植结构调整，造成农业收益低下；在能发展经济作物的情况下农民自发建设灌溉设施，使自身有机会获得及时灌溉、技术进步和种植结构优化所带来的"灌溉之利"。再如，农村公路对农业的影响主要体现在正外部性方面，即间接影响农业技术效率、生产要素投入和农业结构。同时，农村公路条件的改善使生产资料和农产品的运输成本降低，特别是保障鲜活农产品更便捷地运输到目标市场。

　　虽然灌溉设施、公路设施可能不是影响产出的常规生产要素，但其是农业经济高速增长的前提条件，能够直接或间接影响农业生产要素的投入量和边际生产率。总之，灌溉、公路等农业基础设施的发展推动了农业生产前沿面的外移，提高了农作物产量，降低了农民生产投入和运输成本，促进了农业种植结构由以低收益作物为主向以高收益作物为主转变。

第四章

粮食安全战略下农业基础设施
促进粮食生产的效应评估

加大农业基础设施投入以保障粮食安全、促进粮食增产是当前粮食生产过程中的重要一环。理论上农业基础设施能够起到促进粮食增产的作用，那么实际中农业基础设施是否真的促进了粮食增产？农业基础设施对粮食增产的贡献究竟有多大？从时间维度看农业基础设施对我国粮食增产的长期影响与短期影响程度又如何？在有限资金投入的情况下农田水利设施、农业电力设施、农村交通设施等不同类型的基建对粮食增产的效应又有什么不同，应优先发展哪些基础设施建设？从微观层面来看，不同项目覆盖程度的差异又是怎样影响粮食生产的呢？这诸多问题的解决均亟待进一步展开研究。

第一节 粮食安全战略下农业基础设施
对粮食增产影响的总效应评估

"三农"领域是我国有效应对各种风险挑战并确保经济持续健康发展和社会大局稳定的"压舱石"，粮食安全是"三农"发展的"压舱石"。2016 年中央1 号文件明确提出了从大规模推进高标准农田建设、大规模推进农田水利建设、加快农村基础设施建设方面"持续夯实现代农业基础，提高农业质量效益和竞争力"，农业基础设施建设被摆在农业发展和农村进步的重要位置。2018 年中央1 号文件也提出"大规模推进农村土地整治和高标准农田建设，稳步提升耕地质量，强化监督考核和地方政府责任。加强农田水利建设，提高抗旱防洪除涝能力。实施国家农业节水行动，加快灌区续建配套与现代化改造，推进小型农田水利设施达标提质，建设一批重大高效节水灌溉程"。农业基础设施被视为"深入实施藏粮于地、藏粮于技战略，严守耕地红线，确保国家粮食安全，把中国人的饭碗牢牢端在自己手中"的重要手段。2019 年中央 1 号文件再次提出"毫不放松抓好粮食生产,推动藏粮于地、藏粮于技落实落地,确保粮食播种面积稳定在 16.5 亿亩。稳定完善扶持粮食生产政策举措,挖掘品种、技术、减灾等稳产增产潜力"。历年中央 1 号文件均表明粮食稳产增产是当前农业生产的核心任务。虽然我国已实现粮食的多年增产,但近年中央 1 号文件仍把粮食安全视为核心问题,高标准农田等基础设施建设仍被认为是有效提高粮食单产和抗灾减灾的重要一环,是提高粮食生产能力、实现"藏粮于地、藏粮于技"战略的重要手段。在其他粮食生产要素难以取得重大突破的背景下,向农业基础设施"要粮"无疑是上佳选择。

一、总体效应评估的理论框架与模型构建

(一)理论框架

当前农业基础设施对粮食增产的作用已被广泛验证,同时粮食增产也会导致农业基础设施投入增加这一论断也得到学者们的肯定。一方面,因为农业基础设施投入影响粮食生产的播种面积和单产水平,而粮食播种面积和粮食单产水平是影响粮食增产最核心的两个因素。另一方面,因为对粮食增产贡献大的粮食主产区会获得更多农业基础设施项目投资的倾斜,在粮食增产目标的倒逼下会投入更多的农业基础设施项目。此外,粮食结构变化、农业基础设施内部结构等的调整与完善也会吸引更多公共投资进入(图 4-1)。由此可见,农业基础设施投入和粮食产量之间存在双向因果关系。因此,更有效率的模型应是

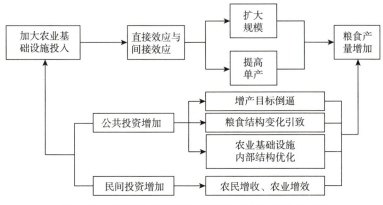

图 4-1 农业基础设施投入与粮食增产间的互动关系

粮食产量模型和农业基础设施投入模型两个方程组成的联立方程组，即一个方程以粮食产量为被解释变量，以农业基础设施投入为解释变量，另一方程以农业基础设施投入为被解释变量，以粮食产量为解释变量。

（二）模型构建

由于农业基础设施投入和粮食产量之间存在双向因果关系，故可通过构建联系方程模型分析两者间的互动关系，方程的简约表达式为：

$$\begin{cases} G = f_1(X_G, I) \\ I = f_2(X_I, G) \end{cases} \tag{4-1}$$

公式 4-1 中，G 为粮食产量，I 为农业基础设施投入，X_G 为粮食产量的相关要素，X_I 为影响农业基础设施投入的相关要素。

根据上文中粮食产量的影响因素分析和农业基础设施投入的因素分析，可建立粮食产量及农业基础设施投入的基本模型为：

$$\begin{cases} G_{it} = \alpha_1 + \beta_1 I_{it} + \gamma_1 X_{it} + \varepsilon_{it} \\ I_{it} = \alpha_2 + \beta_2 G_{it} + \gamma_2 Y_{it} + \varphi_{it} \end{cases} \tag{4-2}$$

公式 4-2 中，G_{it} 表示区域 i 在第 t 年的粮食产量，I_{it} 表示区域 i 在第 t 年的农业基础设施投入，X_{it} 表示区域 i 在第 t 年影响粮食产量的其他因素，Y_{it} 表示区域 i 在第 t 年影响农业基础设施投入的其他因素，α_1 与 α_2 为截距项，β_1 和 β_2、γ_1 和 γ_2 则分别为粮食产量 G（或农业基础设施投入 I）及其他影响因素 X（或 Y）的待估参数。影响粮食产量的因素有很多，本书主要考察农业基础设施投入变量对粮食产量影响，因此主要选取了土地投入（Lan）、劳动力投入（Lab）、农业机械投入（Mac）、化肥投入（Cfe）以及自然灾害（Ndi）等基础变量。同样本书只选取了影响农业基础设施投入的基础变量 Y，包括人口密度（Pop）、财政收入水平（Fir）以及社会经济发展水平（Gdp）等。则方程的完全展开式为：

$$\begin{cases} G_{it} = \alpha_1 + \beta_1 I_{it} + \phi Lan_{it} + \omega Lab_{it} + k Mac_{it} + \eta Cfe_{it} + \theta Ndi_{it} + \varepsilon_{it} \\ I_{it} = \alpha_2 + \beta_2 G_{it} + \pi Pop_{it} + v Fir_{it} + \lambda Gdp_{it} + \varphi_{it} \end{cases}$$

$$\tag{4-3}$$

（三）变量说明与数据来源

为使数据更加平稳，本书主要采用如下变量指标的对数形式进行分析，同时选取了除香港、澳门和台湾外的全国 31 个省（自治区、直辖市）相关指标

2000—2021 年的样本数据作为研究范围，且样本数据均来自《中国统计年鉴》《中国农村统计年鉴》、中国知网数据库及中经网统计数据库等相关数据库系统，相关变量说明如表 4 - 1 所示。

表 4 - 1　相关变量说明

指标	变量名称	计算方法	指标	变量名称	计算方法
G	粮食总产量	每亩产量×播种面积	I	农业基础设施投资存量	农业基础设施当期投资＋当期固定资产总量
Lan	土地投入	粮食播种面积	Ndi	自然灾害	农作物受灾面积
Lab	劳动力投入	农业从业人口	Pop	人口密度	人口数/面积
Mac	农业机械投入	农业机械总动力	Fir	财政收入水平	地方财政收入
Cfe	化肥投入	农用化肥使用量	Gdp	社会经济发展水平	人均 GDP

二、总体效应评估的实证检验

（一）相关性分析

对于联立方程模型的估计方法可以分为两大类，即"单一模型估计法（single equation estimation）"和"系统估计法（system estimation）"，前者对联立方程组中的每一个方程分别进行估计，后者将两个方程放在一个系统内进行联合估计。"单一模型估计法"容易忽略各个方程之间的内在联系，降低了联立方程的估计效率，故不如将所有方程作为整体进行估计。但是"单一模型估计法"可以作为"系统估计法"的一个参照系。常见的单一方程估计方法是"普通最小二乘法"（ordinary least square，简记 OLS），常见的系统估计方法有"两阶段最小二乘法"（two stage least square，简记 2SLS）和"三阶段最小二乘法"（three stage least square，简记 3SLS）。由于本书使用的是面板数据，为减少不随时间变化的省级不可观察效应的偏误影响，本书考虑使用了截面固定效应的 3SLS。本书首先运用 OLS 对每个方程进行单一方程估计，得到一个方程估计结果；然后运用 3SLS 对整个联立方程系统进行估计，其步骤为：先对每个方程进行 2SLS 估计，根据 2SLS 的估计得到整个系统的扰动项之协方差矩阵的估计，据此对整个系统做"广义最小二乘法"（generalized least squares，简称 GLS）估计，得到两个估计结果。对于 3SLS，也可进行迭代，即迭代式 3SLS 估计，得到第四个方程的估计结果（表 4 - 2）。

表 4－2　农业基础设施对粮食增长效应总体评估模型的实证结果

	变量名称	OLS	2SIS	3SLS	迭代 3SLS
粮食产量模型	ln$I$	0.086 2***	0.079 5***	0.079 4***	0.079 3***
		(9.31)	(7.57)	(7.63)	(7.63)
	lnLan	0.913***	0.912***	0.913***	0.913**
		(37.60)	(37.56)	(37.91)	(37.91)
	lnCfe	0.207***	0.210***	0.211***	0.212***
		(10.25)	(10.33)	(10.50)	(10.51)
	lnMac	−0.027 7	−0.022 2	−0.023 0	−0.023 1
		(−1.42)	(−1.12)	(−1.16)	(−1.17)
	lnLab	−0.066 7***	−0.065 6***	−0.067 0***	−0.067 2***
		(−3.60)	(−3.53)	(−3.64)	(−3.65)
	lnNdi	−0.039 3**	−0.044 1**	−0.043 9**	−0.043 9**
		(−2.87)	(−3.12)	(−3.14)	(−3.14)
	常数项	−0.760***	−0.739***	−0.735***	−0.734***
		(−9.54)	(−9.11)	(−9.14)	(−9.13)
	R^2	0.981 3	0.981 2	0.981 2	0.981 2
农业基础设施投入模型	ln$G$	0.237***	0.214***	0.213***	0.213***
		(7.84)	(6.88)	(6.91)	(6.91)
	lnPop	0.122***	0.115***	0.115***	0.115***
		(5.35)	(5.03)	(5.06)	(5.06)
	lnFir	0.762***	0.793***	0.793***	0.794***
		(14.64)	(14.98)	(15.09)	(15.09)
	lnGdp	0.055 8	0.014 9	0.013 9	0.013 8
		(0.79)	(0.21)	(0.20)	(0.19)
	常数项	−0.668	−0.261	−0.253	−0.251
		(−1.07)	(−0.41)	(−0.40)	(−0.40)
	R^2	0.876 4	0.876 3	0.876 3	0.876 3

注：括号内为 Z 统计量，*、**、*** 分别表示在 10%、5%、1% 的水平上显著。

　　同时，如表 4－2 所示，各模型的拟合情况均较好。联立方程系统估计的 2SLS、3SLS 与迭代 3SLS 估计结果非常接近，但是与单一方程 OLS 的估计结果差距较大。因此，本书选取普遍采用的 3SLS 模型进行分析。由于本书目的为评估农业基础设施的粮食增产效应，主要关注农业基础设施存量对粮食产量的影响。实证结果显示，农业基础设施存量对粮食产量具有非常显著（1%的水平上显著）的正向影响，相关系数为 0.079 4，与理论预期相符。虽然联立方程组能很好地拟合样本数据，但对样本以外数据的预测能力却较弱，即模型稳定性和预测能力则相对不足，故须对这一实证结果进行稳健性检验。

（二）PSVAR 的脉冲响应检验

为解决联立方程存在的模型稳定性和预测能力相对不足的问题，学者们先后提出了 VAR、结构 SVAR、面板结构 PSVAR 等模型，用于揭示经济系统中变量之间的即期和动态关系。本书利用 PSVAR 模型对前文中联立方程模型的稳健性进行检验，估计结果如表 4 - 3 所示。

表 4 - 3 基于 PSVAR 模型的农业基础设施对粮食增长效应

矩阵项	系数 Coef.	标准差 Std. Er.	Z统计量 Z	显著性水平 $P > \mid Z \mid$	置信区间 [95% Conf. Interval]
C11	0.145 3	0.031 0	4.69	0.000	[0.084 6, 0.206 1]
C21	1.040 0	0.227 1	4.58	0.000	[0.594 9, 1.485 1]
C12	0	(constrained)			
C22	0.163 1	0.034 8	4.69	0.000	[0.095 0, 0.231 3]

(1) [C12] cons=0

Lg likelihood=34.049 55

如表 4 - 3 所示，此 PSVAR 模型恰好能识别，且 C 矩阵中的所有元素都很显著。其中，对 C11、C21、C22 的估计值也均为正，表明从全国层面来看农业基础设施与粮食产量的当期效应均为正，与理论预期相符，说明实证结果稳健。同时，为描述农业基础设施建设对粮食增产的影响轨迹，本书也考察了它们的结构脉冲响应函数，如图 4 - 2 所示。

图 4 - 2 中，横轴代表结构脉冲响应函数的滞后期数，纵轴代表因变量的响应程度，曲线代表脉冲响应函数，图中本文将滞后期设定为 8 年。首先，分析粮食产量对农业基础设施投入的响应情况。可以看出：①粮食产量对其自身一个标准差信息呈现出较强的波动状态，一些年份甚至出现了负响应。这说明粮食产量对其自身的滞后值关联较弱，粮食产量受其他因素（如国家政策）影响较大。②粮食产量对农业基础设施投入信息的一个标准差扰动的响应，在开始

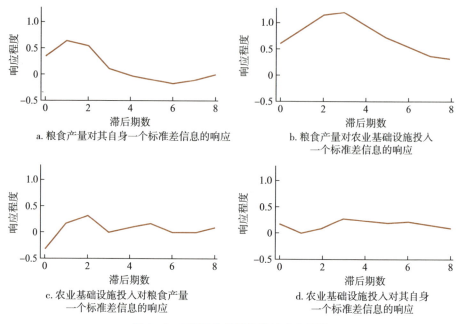

图 4 - 2　PSVAR 的结构脉冲响应函数

的 1～3 年，农业基础设施对粮食产量产生正向的影响，且在第 3 年达到最大值，之后逐渐下降。其背后的经济含义是：农业基础设施投入的前 3 年，整体水平较高，促进粮食产量不断增长；3 年之后，农业基础设施因老化等质量开始下降，对粮食产量增长的影响也随之下降。其次，分析农业基础设施投入对粮食产量的响应情况。可以看出：①农业基础设施对粮食产量的响应情况，前 3 年波动较大，之后趋于平稳，反映出粮食产量对农业基础设施投入的主要影响在前 3 年，背后反映了我国农业政策的制定和执行周期；②农业基础设施对其自身一个标准差信息主要呈现较弱的正响应，这说明农业基础设施投入与其滞后值有关联，但是关联性较弱。

（三）3SLS 的稳健性检验

除了利用 PSVAR 方法进行稳健性检验，还可通过拆分样本的方式从粮食主产区、粮食主销区和产销平衡区三个角度采用"三阶段最小二乘法"（3SLS）对模型进行回归，再次验证实证分析模型的稳健性，其估计结果如表 4 - 4 所示。

表4－4　农业基础设施粮食增产效应区域差异的实证结果

	变量名称	粮食主产区	产销平衡区	粮食主销区
粮食产量模型	lnI	0.109***	0.065 1***	−0.060 8*
		(7.25)	(6.71)	(−1.97)
	lnLan	0.754***	0.905***	0.591***
		(20.08)	(16.99)	(10.27)
	lnCfe	0.183***	0.008 47	0.340***
		(6.55)	(0.39)	(11.39)
	lnMac	−0.025 6	−0.083 0***	0.187**
		(−1.06)	(−4.56)	(2.69)
	lnLab	−0.070 0***	0.101*	0.017 6
		(−3.33)	(2.26)	(0.55)
	lnNdi	−0.049 3**	−0.006 14	−0.102***
		(−2.60)	(−0.60)	(−3.35)
	常数项	0.688**	−0.521***	0.267
		(2.99)	(−4.14)	(1.26)
	R^2	0.896 2	0.977 8	0.995 5
农业基础设施投入模型	lnG	0.768***	0.568***	−0.140
		(11.72)	(5.80)	(−1.83)
	lnPop	0.155***	0.097 8	0.130
		(4.81)	(0.90)	(5.00)
	lnFir	0.985***	0.681***	0.760***
		(15.11)	(5.98)	(10.04)
	lnGdp	−0.401***	0.455*	0.152
		(−4.87)	(2.24)	(1.68)
	常数项	−2.057**	−6.001**	0.854
		(−3.04)	(−2.78)	(0.92)
	R^2	0.913 0	0.931 6	0.858 9

注：括号内为Z统计量，*、**、***分别表示在10％、5％、1％的水平上显著。

　　如表4－4所示，三个区域模型的整体拟合效果较好。在粮食主产区，农业基础设施存量对粮食产量的影响为正，系数为0.109，在1％的水平上显著；在产销平衡区，农业基础设施存量对粮食产量的影响为正，系数为0.065 1，在 1% 的水平上显著；在粮食主销区，农业基础设施存量对粮食产量的影响为负，系数为 -0.060 8，在 10% 的水平上显著。农业基础设施在不同的区域产生了不同的粮食增产效应，具体表现为：粮食主产区（0.109）＞产销平衡区（0.065 1）＞粮食主销区（-0.060 8）。

三、实证结论与分析

本书利用省级面板数据，采用联立方程模型评估农业基础设施的粮食增产效应，采用 PSVAR 模型和拆分样本的方式进行稳定性检验，将全国样本拆分为粮食主产区、产销平衡区和粮食主销区三个子样本。根据实证分析结果，本书得出两个研究结论：一是农业基础设施能够显著促进粮食增产，农业基础设施与粮食产出的相关系数为 0.079；二是从粮食增产视角来说，农业基础设施投入在粮食主产区和产销平衡区具有较高的效率，在粮食主销区效率低下。

（一）全国层面上农业基础设施对粮食产量产生正向影响且双向互动

从全国层面来看，农业基础设施对粮食产量可产生较显著的正向影响，而且两者之间存在双向互动关系。农业基础设施的投入与我国粮食产量的相关系数为 0.079，农业基础设施建设从多个方面促进了粮食增产，为保障我国粮食安全起到了积极的作用。因此，从保障国家粮食安全的视角上来看，必须进一步加大农业基础设施投资建设力度。

（二）区域层面上农业基础设施在不同区域的粮食增产效应存在较大差异

分区域而言，农业基础设施在不同区域的粮食增产效应有较大的差异，具体表现为：粮食主产区＞产销平衡区＞粮食主销区，即农业基础设施投入在粮食主产区产生的粮食增产效应最强（相关系数为 0.109），产销平衡区其次（相关系数为 0.065 1），粮食主销区最小（相关系数为 -0.060 8）。

不难看出，农业基础设施在粮食主产区和产销平衡区的粮食增产效应为正，这两个区域的农业基础设施投入与粮食产量呈正相关关系，这与前文的分析一致，这两个区域的农业基础设施投入很好地促进了粮食增产。在粮食主产区，农业基础设施与粮食产量的关系高达 0.109，高于全国整体的 0.079，农业基础设施在粮食主产区域对粮食产量能够发挥出更大的作用。粮食主产区的粮食生产密度大，复种指数高，单位农业基础设施的综合利用效率更高。在粮食产销平衡区，农业基础设施与粮食产量的相关系数值虽然低于全国平均值，但是也能较好地促进粮食增产。农业基础设施在粮食主销区的增产效应为负值，这并不是表明粮食主销区的农业基础设施投入对粮食增产起到负的作用，而是表明粮食主销区的农业基础设施投入没有产生有效的粮食增产效应。本书认为可能的原因有两个方面：一是从数据结构特征上来看，本书使用的农业基础设施存量是逐年递增的数据，而粮食主销区的粮食产量基本为逐年下降的趋势，二者相关关系为负值，在模型估计中必然呈现负相关的结果。二是从现实状况来看，我国的粮食主销区多为经济发达、人多地少地区，2001年粮食流通体制改革时粮食划分功能区后农作物种植结构发生了变化，农业基础设施的投入多用于蔬菜瓜果等经济效益更高的农作物的生产，粮食产量逐年减少，因此粮食增产效应不明显。因此，在投资建设以保障粮食安全为目标的农业基础设施时，公共投入应优先粮食主产区，其次是产销平衡区。

（三）农业基础设施的粮食增产效应在第3年达到最大值，之后逐渐下降

农业基础设施的粮食增产效应在第3年达到最大值，之后逐渐下降。这反映出我国农业基础设施的使用寿命不长，没有发挥出长期效益。主要原因有两个：一是农业基础设施的初始质量不高；二是农业基础设施的管护缺位。其中，根据实地调查发现，管护缺位是我国农业基础设施使用效率低下的一个普遍现象。我国农业基础设施的管理主体缺位、管理体制不顺、产权归属不明确、管护责任模糊，大多数由集体管理的农业基础设施的管理流于形式，镇村各自聘请的临时看管人员往往只负责运用，不负责管理和维护，造成农业基础设施"国家管不到、集体管不好、农民管不了"。即使部分有专人管理的农业基础设施工程，由于管理人员报酬低，维修养护经费基本无保障，管理人员的素质和积极性都难以支撑农业基础设施工程的正常运转。

第二节 粮食安全战略下农业基础设施对粮食增产影响的长短期效应评估

上述研究已表明农业基础设施对粮食增产具有较强的促进作用，因此应加大农业基础设施投入。并且在做好农业基础设施投入规划时，也要处理好长期效应与短期效应的关系。因此，本部分着重从长期效应和短期效应两个方面分析农业基础设施与粮食增产的关系，着重利用面板协整检验各变量之间是否存

在长期协整关系，并就农业基础设施对东、中、西部粮食增产的长期效应和短期效应进行深入的实证检验。

一、长短期效应评估的模型构建

(一) 模型构建

依托国内外学者关于农业基础设施建设对粮食增产的长短期效应分析，可构建两者间线性函数的基础模型，具体形式如下：

$$Grain_{it} = \alpha_i + \beta_i \ln infrastructure_{it} + \varepsilon_{it} \tag{4-4}$$

其中，$Grain_{it}$ 表示各省（自治区、直辖市）的粮食生产水平，$\ln infrastructure_{it}$ 为各省（自治区、直辖市）农业基础设施投入，α_i 为常数项，β_i 为相关系数，ε_{it} 为误差项。

传统的经济模型通常表述的是变量之间的一种长期"均衡关系"，但是实际经济数据却是由"非均衡过程"生成的，因此在模型建立时需要用数据的动态非均衡过程来逼近经济理论的长期均衡过程，最一般的动态非均衡模型是自回归分布滞后模型（autoregressive distributed lag，简称 ADL）。如果一个内生变量 y_t 只被表示为同一时点的外生变量 x_t 函数，x_t 是对 y_t 的长期影响。然而如果每个变量的滞后也出现在模型之中，其长期影响将通过分布滞后的函数反映。本书首先考虑一阶自回归分布滞后模型，记为 ADL (1, 1)，即：

$$y_t = \beta_0 + \beta_1 y_{t-1} + \beta_2 x_t - \beta_3 x_{t-1} + u_t \quad t = 1, 2, 3, \cdots, T \tag{4-5}$$

其中，$u_t \sim i, i, d(0, \sigma^2)$，记 $y^* = E(y_t)$，$x^* = E(x_t)$，由于 $E(u_t) = 0$，则公式 4-5 等号两边同时取期望值，可得：

$$y^* = \beta_0 + \beta_1 y^* + \beta_2 x^* - \beta_3 x^* \tag{4-6}$$

进而可得：

$$y^* = \frac{\beta_0 + (\beta_2 + \beta_3) x^*}{1 - \beta_1} = \frac{\beta_0}{1 - \beta_1} + \frac{(\beta_2 + \beta_3)}{1 - \beta_1} x^* \tag{4-7}$$

记 $k_0 = \frac{\beta_0}{1 - \beta_1}$，$k_1 = \frac{\beta_2 + \beta_3}{1 - \beta_1}$，则公式 4-7 可转化为：

$$y^* = k_0 + k_1 x^* \tag{4-8}$$

公式 4-5 中，k_1 主要度量 y_t 与 x_t 的长期均衡关系，因此在公式 4-5 等号两边同时减去 y_{t-1}，并在等号右边 $\pm \beta_2 x_{t-1}$，又已知记 $k_0 = \frac{\beta_0}{1 - \beta_1}$，$k_1 = \frac{\beta_2 + \beta_3}{1 - \beta_1}$，

则可得：

$$\Delta y_t = (\beta_1 - 1)(y_{t-1} - k_0 - k_1 x_{t-1}) + \beta_2 \Delta x_t + \mu_t \qquad (4-9)$$

令 $\alpha = \beta_t - 1$，则公式 4-9 可写成：

$$\Delta y_t = \alpha(y_{t-1} - k_0 - k_1 x_{t-1}) + \beta_2 \Delta x_t + \mu_t \qquad (4-10)$$

（二）变量说明与数据来源

该部分的变量只有两个：一是农业基础设施投入；二是粮食产出。采用农业基础设施存量反映农业基础设施投入；粮食产出则用各省（自治区、直辖市）历年的粮食生产总量来反映。

数据方面，本书采用的是 2000—2021 年除香港、澳门和台湾外的全国 31 个省（自治区、直辖市）的面板数据，并分为东、中、西部三个子样本来分析农业基础设施投入与粮食生产的长期均衡和短期波动关系。将样本分为东、中、西部三个子样本的目的有两个：一是增强本书研究的稳健性，将全样本分为子样本分别进行研究可以使得计量结论更加稳健；二是为了研究农业基础设施与粮食生产关系长期均衡和短期波动在东、中、西部区域差异。农业基础设施的水平与经济发展水平有很大的关系，一般认为经济发达地区的农业基础上设施水平高于经济欠发达地区，即我国农业基础设施的水平排序为：东部＞中部＞西部。按照惯例，本书将全国分为东、中、西部三个区域，东部区域包括北京、天津、河北、辽宁、上海、江苏、浙江、福建、山东、广东和海南 11 省份，中部地区包括山西、吉林、黑龙江、安徽、江西、河南、湖北和湖南 8 省份，西部地区包括内蒙古、四川、重庆、贵州、云南、陕西、甘肃、青海、宁夏、新疆、广西和西藏 12 省份。农业基础设施数据来源于中经网数据库，粮食生产数据来源于历年《中国统计年鉴》。为消除异方差，数据均进行了取对数处理。

二、长短期效应评估的实证检验

（一）面板数据的单位根检验

为了避免伪回归，确保模型估计结果的有效性，对"各面板序列"的平稳性进行检验。为了方便，本书采用两种面板数据单位根检验方法对各样本进行单位根检验，即相同根单位根检验（LLC 检验）和不同根单位根检验（Fisher-ADF 检验），如果两种检验均拒绝存在单位根的原假设则可以说此序列是平稳的，反之则不平稳。检验结果见表 4-5、表 4-6、表 4-7 和表

4-8。根据水平值检验结果可知，粮食总产量和农业基础设施存量均不能拒绝存在单位根的假设；而根据一阶差分值的检验结果可知，粮食总产量和农业基础设施存量均拒绝存在单位根的原假设。因此，这两个变量均为一阶单整过程，可以进行面板协整检验。

表4-5　面板数据单位根检验结果（全国整体）

变量	水平值				一阶差分值			
	LLC 检验		Fisher-ADF 检验		LLC 检验		Fisher-ADF 检验	
	统计量	P 值	统计量	P 值	统计量	P 值	统计量	P 值
粮食总产量	0.524 30	0.700 0	71.931 1	0.103 3	−17.909 0	0.000 0	261.184	0.000 0
农业基础设施	1.148 66	0.874 7	8.074 3	1.000 0	−8.817 9	0.000 0	106.356	0.000 1

表4-6　面板数据单位根检验结果（东部）

变量	水平值				一阶差分值			
	LLC 检验		Fisher-ADF 检验		LLC 检验		Fisher-ADF 检验	
	统计量	P 值	统计量	P 值	统计量	P 值	统计量	P 值
粮食总产量	−2.113 8	0.017 3	47.835 9	0.001 1	−6.433 6	0.000 0	61.264 4	0.000 0
农业基础设施	1.469 1	0.929 1	2.299 8	1.000 0	−4.726 6	0.000 0	43.802 2	0.003 8

表4-7　面板数据单位根检验结果（中部）

变量	水平值				一阶差分值			
	LLC 检验		Fisher-ADF 检验		LLC 检验		Fisher-ADF 检验	
	统计量	P 值	统计量	P 值	统计量	P 值	统计量	P 值
粮食总产量	1.946 89	0.974 2	4.157 3	0.999 7	−11.128 8	0.000 0	93.558 4	0.000 0
农业基础设施	0.573 20	0.716 8	3.170 5	1.000 0	−7.976 7	0.000 0	47.023 3	0.000 2

表4-8　面板数据单位根检验结果（西部）

变量	水平值				一阶差分值			
	LLC 检验		Fisher-ADF 检验		LLC 检验		Fisher-ADF 检验	
	统计量	P 值	统计量	P 值	统计量	P 值	统计量	P 值
粮食总产量	1.603 01	0.945 5	21.943 2	0.343 6	−13.238 0	0.000 0	101.769	0.000 0
农业基础设施	−0.083 00	0.466 9	3.148 9	1.000 0	2.107 7	0.017 5	19.217 9	0.057 7

（二）面板数据的协整检验和长期均衡

对数据进行单位根检验的结果表明，模型所选取的变量都是一阶单整序列，满足进行协整检验的要求。本书借鉴 Pedroni（1999）提出的 Engle-Granger 两步法对面板数据进行协整检验。该方法以协整方程回归残差为基础构造了 7 个统计量来检验面板数据变量之间的协整关系，其中包括 4 个面板统计量和 3 个组内统计量，如果在检验中拒绝原假设则表明变量之间存在协整关系。对于 T 小于 20 的序列，Panel ADF 和 Group ADF 的结果较好，本书样本区间为 22 年，因此检验标准以 Panel ADF 和 Group ADF 的结果为准，检验结果如表 4 - 9 所示。

表 4 - 9　面板协整检验结果

协整检验	全国整体		东部		中部		西部	
	F 值	P 值	F 值	P 值	F 值	P 值	F 值	P 值
Panel ADF	−3.700 2	0.000 1	−5.750 6	0.000 0	−1.670 54	0.047 4	−4.008 9	0.000 0
Group ADF	−6.874 6	0.000 0	−3.667 9	0.000 1	−5.378 20	0.000 0	−3.410 2	0.000 0

如表 4 - 9 所示，粮食生产总量与农业基础设施存量存在面板协整关系。虽然本书已经验证了农业基础设施投入与粮食产出之间存在长期协整关系，但要判断农业基础设施对粮食产出的作用力和方向，还须对面板协整方程进行估计。鉴于直接运用最小二乘法（OLS）进行估计可能导致结果的有偏和非一致，同时农业基础设施和粮食产出之间可能存在的内生性问题，本书依托完全修正最小二乘法（FMOLS）及动态最小二乘法（DOLS）对协整方程进行估计，回归结果如表 4 - 10 所示。

表 4 - 10　农业基础设施对粮食生产的长期影响

变量	全国层面		东部层面		中部层面		西部层面	
	回归系数	P 值	回归系数	P 值	回归系数	P 值	回归系数	P 值
完全修正 OLS	0.120 3	0.000	0.019 8	0.000	0.174 3	0.000	0.087 2	0.000
动态 OLS	0.094 5	0.000	0.058 7	0.000	0.169 8	0.000	0.082 3	0.000
OLS	0.412 3	0.000	0.501 9	0.000	0.301 2	0.000	0.651 1	0.000

如表 4 - 10 所示，OLS 估计结果明显偏大，但 FMOLS 估计结果和 DOLS 估计结果比较接近，表明本书模型具备比较好的稳健性，结果分析以 FMOLS 估计为准。无论是全国层面还是东、中、西部层面，农业基础设施对粮食生产的长期影响都在 1% 水平上显著，无论在全国层面还是在东、中、西部层面，农业基础设施投入的增加都有利于粮食增产。

（三）误差修正模型与短期波动

基于上文的面板协整关系估计，本书验证了我国农业基础设施与粮食产出之间存在长期的均衡关系，本书在 Engle-Granger 两步法的基础上，构建了误差修正模型（ECM），并进行 ECM 估计，估计结果如表 4 - 11 所示。

表 4 - 11　农业基础设施对粮食生产的短期影响

变量	全国整体		东部		中部		西部	
	回归系数	P 值	回归系数	P 值	回归系数	P 值	回归系数	P 值
农业基础设施	−0.032 9	0.400	0.010 0	0.898	−0.020 2	0.741	−0.141 4	0.042**
ECM 模型估计	−0.007 7	0.066*	0.004 0	0.564	−0.009 9	0.639	−0.007 1	0.401

注：*、**、*** 分别表示在 10%、5%、1% 的水平上显著。

误差项回归系数的大小反映了对偏离长期均衡的调整力度，误差项则反映了短期波动的影响。如表 4 - 11 所示，从农业基础设施与粮食产出之间的相关性来看，仅有西部地区的估计在 5% 的水平上显著，全国样本及东部、中部样本的模型估计都不显著。另外，误差项回归系数基本为负，符合反向修整机制。但从 ECM 模型的显著性来看，仅有全国样本在 10% 的显著性水平上显著，东、中、西部的 ECM 均未通过显著性检验。因此，本书综合分析认为，农业基础设施投入对粮食增产短期波动效应不明显，上一年度的农业基础设施投入对本年度的粮食产出影响不太明显。

三、实证结论与分析

本书构建农业基础设施与粮食生产的长期均衡模型和短期波动模型，分析农业基础设施与粮食生产的长期效应和短期效应，得出研究结论：农业基础设施投入对粮食增产的长期效应明显，但是短期效应不明显。

（一）农业基础设施对粮食增产的长期效应明显

农业基础设施对粮食增产的长期效应明显，且这种长期效应表现为中部地区＞西部地区＞东部地区。从长期来看，农业基础设施提高了粮食生产的规模化水平、机械化水平、抗灾害水平，降低了粮食的平均生产成本，对粮食生产起到了促进作用，这种作用的长期效应明显；在区域层面，东、中、西部农业基础设施对粮食生产的长期影响存在明显差异，按照强度排序：中部＞西部＞东部，这与一般认为的东部＞中部＞西部的农业基础设施水平排序有一定的差异，朱晶等（2017）的研究也得出了类似的结论。可能的原因有两点：一是东部地区农业基础设施水平虽高，但是国家对东部大部分地区的分工主要是第二、第三产业发展，农业基础设施水平的提高也促使东部地区土地增值，高价值的土地要素更加青睐高回报的非粮甚至是非农行业，导致农业基础设施与粮食生产的长期影响最弱。中部地区大多属于粮食主产区，承担了大部分的保障国家粮食安全的任务，农业基础设施的投入的指向性明确，因此长期效应最强。西部地区受本身的资源禀赋和经济发展水平制约，农业基础设施水平虽然最低，但是耕地资源的其他用途回报率不够高，依然主要用于粮食生产。二是这也说明当前对中、西部地区农业基础设施公共投资的回报率较东部更高，其对粮食生产效率提升的作用较东部更大。

（二）农业基础设施对粮食增产的短期效应不够明显

农业基础设施投入对粮食增产的短期效应不够明显，即上一年度的农业基础设施投入对本年度粮食产出影响不明显，这也说明农业基础设施投入对粮食增产需要一定的时间，短期效应不明显。导致农业基础设施对粮食增产短期效应不明显的原因，本书认为可能有四点：一是农业基础设施投入影响粮食经营主体扩大粮食经营规模需要一定的时间传导，这个传导的时间可能是2～3年。也就是说，在农业基础设施水平调整后，粮食经营主体的生产决策调整会滞后2～3年。二是2000年以来短期内影响粮食产量波动的最主要因素是政策和自然灾害，而非农业基础设施。三是大规模农业基础设施建设时一般都处于粮食生产下滑阶段，农业基础设施投入并不能马上扭转这个趋势。四是大规模推进农业基础设施建设会影响当期的粮食生产，如高标准农田建设的时间较长，一般在建设的那一年甚至第二年都很难进行有效的粮食生产。

第三节　粮食安全战略下农业基础设施对粮食增产影响的类型差异效应

在农业基础设施建设中应做好长期规划和投入，但农业基础设施的类型很多，在资金投入有限的情况下应优先建设哪些农业基础设施？本部分侧重针对农田水利、农业电力、农村交通三大类型展开类型差异效应的评估与检验。

一、类型差异效应评估的模型构建

（一）模型构建

本部分构建模型分析不同类型的农业基础设施对粮食增产的作用。首先，利用被广大学者认可的 C-D 生产函数构建粮食生产的投入产出模型，C-D 生产函数的基础模型为：

$$Q = AK^{\alpha}L^{\beta} \qquad (4-11)$$

其中，Q 为产量，L 为劳动力投入量，K 为资本投入量，A、α、β 为参数，α、β 为投入要素的产出弹性系数，取值范围为（0，1）。将公式 4-11 两边取对数进行线性化处理可得：

$$\ln Q = \ln(AK^{\alpha}L^{\beta}) = \ln A + \alpha \ln K + \beta \ln L \qquad (4-12)$$

由于本部分使用省级面板数据研究农业基础设施对粮食增产的效应，所以本书在模型中加入影响粮食生产的因素变量，分为农业基础设施变量（核心变量）和其他变量（控制变量），将公式 4-12 变形为以下形式：

$$\ln y = \alpha_0 + \alpha_1 \ln infra + \alpha_2 \ln Controls + v \qquad (4-13)$$

其中，y 为粮食产量，α_0 为截距项，$infra$ 为农业基础设施变量，$Controls$ 为影响粮食产量的其他解释变量，v 为随机扰动项，α_1、α_2 为待估系数。由于粮食生产资料投入的"固定性"、生产成本调整成本、信息不完全、技术条件限制等因素制约，使得粮食生产的供给反应具有黏滞性，存在生产惯性问题，故引入粮食产量 y_t 的滞后项 y_{t-1}，得到模型：

$$\ln y_t = \alpha_0 + \alpha_1 \ln infra + \alpha_2 \ln Controls + \alpha_3 \ln y_{t-1} + v$$

$$(4-14)$$

本书使用我国的省级面板数据，包含除香港、澳门和台湾外全国 31 个省

（自治区、直辖市）数据，时间跨度为 2000—2021 年。被解释变量为粮食总产量，解释变量为影响粮食产量的各类主要因素。同时，本书将农业基础设施分为农田水利设施、农业电力设施和农村交通设施。因此，可以得到本书需要的实证模型：

$$\ln y_{it} = \alpha_0 + \alpha_1 \ln y_{i,t-1} + \alpha_2 \ln infra_{m,it} + \alpha_3 \ln Controls_{it} + v_{it}$$

$$(4-15)$$

其中，y 代表粮食总产量，$m=1$，2，3，分别代表农田水利设施、农业电力设施、农村交通设施，i 代表省（自治区、直辖市）个体，t 代表时间（2000—2021 年）。

（二）变量说明与数据来源

本书主要研究不同区域的农业基础设施对粮食的增产效应，为此选取了粮食产量（y）作为被解释变量，解释变量为影响粮食产量的因素，包括农田水利设施（Irr）、农业电力设施（Ele）、农村交通设施（Roa）等核心变量和土地投入（Lan）、化肥投入（Che）、机械投入（Mac）、劳动力投入（Lab）、自然灾害（Dis）、国家政策（Pol）等控制变量。

本书选取除香港、澳门和台湾外的全国 31 个省（自治区、直辖市）2000—2021 年的样本数据，变量原始数据均来源于中经网数据库、知网数据库及《能源数据简明手册》。

二、类型差异效应评估的实证检验

（一）面板数据的 GMM 检验

本书利用 DIFF-GMM 方法和 SYS-GMM 方法对不同类型农业基础设施的粮食增产效应进行分析，结果如表 4-12 所示。可以看出，AR（2）统计量的 P 值均大于 0.05，DIFF-GMM 和 SYS-GMM 均不能拒绝模型没有二阶序列相关的原假设，因而 DIFF-GMM 和 SYS-GMM 的估计量是一致的。另外，Hansen 检验的 P 值也均大于 0.05，说明工具变量有效。同时，为防止 DIFF-GMM 方法受到弱工具变量的影响而导致估计偏差，模型结果分析以 SYS-GMM 估计结果为主。

表 4 - 12　GMM 模型的实证结果

变量	农田水利设施		农业电力设施		农村交通设施	
	DIFF-GMM	SYS-GMM	DIFF-GMM	SYS-GMM	DIFF-GMM	SYS-GMM
$\ln(y_t-1, t)$	0.148**	0.203***	0.144*	0.245***	0.169*	0.233***
	(1.90)	(2.67)	(1.80)	(2.85)	(1.94)	(3.42)
$\ln Irr$	0.129**	0.147*	—	—	—	—
	(2.41)	(1.87)				
$\ln Ele$	—	—	0.066**	0.097*	—	—
			(2.16)	(1.78)		
$\ln Roa$	—	—	—	—	0.033	0.053*
					(1.51)	(1.91)
$\ln Lan$	0.776***	0.805***	0.821***	0.812***	0.796***	0.732***
	(8.94)	(9.59)	(8.41)	(5.24)	(8.29)	(9.38)
$\ln Che$	0.039*	0.121**	0.024	0.121	0.024	0.178***
	(1.80)	(2.39)	(1.22)	(1.16)	(1.14)	(3.40)
$\ln Mac$	0.024*	−0.003	0.013	−0.040	0.014	0.035
	(1.80)	(−0.06)	(1.41)	(−0.44)	(1.23)	(0.91)
$\ln Lab$	0.063	−0.062	0.126**	−0.043	0.095**	−0.98**
	(1.18)	(−1.11)	(2.30)	(−0.67)	(1.97)	(−2.06)
$\ln Dis$	−0.026**	−0.031***	−0.023**	−0.034***	−0.024**	−0.038***
	(−2.43)	(−3.87)	(−2.54)	(−3.38)	(−2.45)	(−4.03)
$\ln Pol$	0.053***	0.032*	0.036	−0.001	0.048***	−0.005
	(4.09)	(1.76)	(2.16)	(−0.05)	(3.33)	(−0.30)
常数项	—	−0.507***	—	−1.385*	—	−0.665***
		(−3.12)		(−1.90)		(−2.57)
AR（2）统计量	1.49	1.34	1.04	0.97	0.79	0.06
	(0.137)	(0.179)	(0.298)	(0.331)	(0.430)	(0.953)
Hansen-test	24.17	24.43	26.08	24.60	26.51	24.34
	(0.285)	(0.981)	(0.833)	(0.980)	(0.817)	(0.982)
样本数量 N	420	450	420	450	420	450

注：①回归系数下方括号内为 Z 统计量；②*、**、***、分别表示在1%、5%和10%的统计水平下显著；③AR（2）统计量和 Hansen-test 括号里的数为 prob＞Z 值。

如表 4-12 所示，基于 SYS-GMM 模型的估计结果显示，核心解释变量农田水利设施、农业电力设施、农村交通设施与被解释变量粮食产量正相关，弹性系数分别为 0.147、0.097、0.053，说明三类农业基础设施对粮食产量都有一定的正影响。相比较而言，农田水利设施对粮食的增产效应最明显，农业电力设施次之，农村交通设施的影响最小。在 DIFF-GMM 模型中，农村交通设施变量不显著，农村交通设施对粮食产量的影响的稳健性有待进一步检验。

（二）面板数据的稳健性检验

为检验实证结果的稳健性，基于国内外背景将样本以 2008 年为界分为两个区间子样本。一是国内背景，国家的支持力度在 2008 年显著加大。2004 年国家启动粮食最低收购价政策，直至 2007 年粮食最低收购价都未调整。2008 年为应对物价上涨、种植成本攀升及粮价走高等，国家对粮食最低收购价进行了两次调整，之后最低收购价一路上扬。二是国际背景，2008 年后世界上出现了严重粮食危机，粮价大幅上涨。因此将样本分为两个阶段进行 SYS-GMM 估计。从表 4-13 中 AR（2）统计量 P 值和 Hansen 检验 P 值可看出模型效果较好。

表 4-13 稳健性检验

变量	2000—2007 年			2008—2015 年		
	农田水利设施	农业电力设施	农村交通设施	农田水利设施	农业电力设施	农村交通设施
$\ln(y_t-1,t)$	0.471***	0.472**	0.522**	0.238**	0.423***	0.542***
	(4.01)	(2.19)	(2.13)	(2.68)	(3.08)	(3.70)
$\ln Irr$	0.207***	—	—	0.186**	—	—
	(3.18)			(2.09)		
$\ln Ele$	—	0.030	—	—	0.106*	—
		(0.55)			(1.68)	
$\ln Roa$	—	—	0.028	—	—	0.052
			(0.88)			(0.61)
$\ln Lan$	0.626***	0.580***	0.501***	0.819**	0.744***	0.476**
	(5.67)	(2.78)	(2.78)	(6.48)	(3.38)	(2.49)
$\ln Che$	0.009	0.046	0.053	0.157**	0.108	0.166**
	(0.14)	(0.83)	(0.79)	(1.78)	(0.96)	(2.21)
$\ln Mac$	−0.066	0.022	0.032	−0.097	−0.142	−0.019
	(−1.30)	(0.48)	(1.20)	(−1.63)	(−1.45)	(−0.47)

（续）

变量	2000—2007 年			2008—2015 年		
	农田水利设施	农业电力设施	农村交通设施	农田水利设施	农业电力设施	农村交通设施
lnLab	−0.004	−0.041	−0.025	−0.069	−0.031	−0.116
	(−0.05)	(−0.76)	(−0.53)	(−1.07)	(−0.37)	(−1.34)
lnDis	−0.031*	−0.045*	−0.049**	−0.019***	−0.030**	−0.024***
	(−1.70)	(−1.96)	(−2.20)	(−3.15)	(−2.22)	(−2.92)
lnPol	0.095**	0.041	0.043	0.077*	0.010	−0.004
	(2.60)	(1.30)	(1.24)	(1.83)	(0.27)	(−0.14)
常数项	−0.359***	−0.801	−0.625**	−0.408*	−1.453*	−0.363
	(−2.83)	(−1.41)	(−2.69)	(−1.95)	(−1.81)	(−0.92)
AR（2）统计量	1.49	1.24	0.89	2.03	1.51	1.27
	(0.137)	(0.216)	(0.374)	(0.043)	(0.130)	(0.205)
Hansen-test	13.21	18.46	22.29	13.73	21.19	21.96
	(0.586)	(0.239)	(0.270)	(0.248)	(0.218)	(0.286)
样本数量 N	210	210	210	210	210	210

注：①回归系数下方括号内为 Z 统计量；②因为单个模型样本量减少，为提高模型的有效性，在 xtabond2 命令中加了"small"命令；③2008—2015 年模型中"农业电力设施"的显著性水平值 $P=$ 0.103，本书视为在 10% 的水平上显著。

如表 4-13 所示，模型的估计结果在整体上比较稳健，不同类型的农业基础设施对粮食增产效应的排序为：农田水利设施＞农业电力设施＞农村交通设施，其中农田水利设施对粮食的增产效应在 2000—2007 年和 2008—2015 年两个阶段均通过了显著性检验，相关系数值变化不大，非常稳健；农业电力设施对粮食的增产效应从 2000—2007 年的不显著到 2008—2015 年的显著，且弹性值也由 0.030 上升到 0.106，表明农业电力设施的粮食增产效应不断增强；农村交通设施对粮食的增产效应则始终不显著，进一步证实了上文的结论。

三、实证结论与分析

本书基于除香港、澳门和台湾外的全国 31 个省（自治区、直辖市）2000—2021 年的动态面板数据，采用 SYS-GMM 的估计方法实证分析了农田水利设施、农业电力设施、农村交通设施和粮食产出之间的关系，得出如下结论：三种类型的农业基础设施对粮食增产效应的强弱排序为"农田水利设施＞农业电力设施＞农村交通设施"，其中农村交通设施对粮食增产的效应不稳健；细分阶段来看，农业电力基础设施对粮食增产的贡献显著增强，电力在粮食生产领域发挥着越来越重要的作用。农田水利设施和农业电力设施均能显著促进粮食增产，其中农田水利设施的增产效应最强，其他学者也得出类似的结论，即农田水利设施的粮食增产效应是最明显的，农田水利设施可以有效增强排涝抗旱能力，而前文分析得出旱涝灾害对我国粮食减产"贡献"最大。农业电力设施不仅同时具备提升排涝和抗旱能力，而且在育种育秧、烘干粮食等粮食生产环节也发挥着重要的作用。农村交通设施促进粮食增产的效应并不显著，主要是因为交通设施水平高的农村地区农产品进入城市市场的成本更低，该地区耕地"非农化"和"非粮化"倾向更明显，低附加值的粮食作物逐渐被高附加值的经济作物取代。

（一）农村交通基础设施的"虹吸效应"与"扩散效应"

大部分的研究都认为农村交通设施的改善有利于农村经济的发展，也有部分研究认为交通基础设施对农业生产部门的贡献不显著甚至为负值。显然，农村交通设施的"虹吸效应"与"扩散效应"都存在，并且同时发挥作用。就农村经济发展而言，农村交通设施对农村经济的整体贡献值为正还是为负取决于两个"效应"孰强孰弱，具有特定的时空特征。农村地区存在农业生产部门和非农部门，一般都认为非农部门的经济收益高于农业生产部门。在农业生产部门经营的农产品中又可分为粮食作物和非粮食作物，粮食作物的收益在农业生产部门中也是较低的，这也就很好地解释了研究的实证结论，即农村交通设施对粮食增产存在一定的技术效应，但是整体效应和规模效应并不明显。在现实情况中，交通设施较好的农村地区多存在于东部地区和城市周边，一方面耕地不断被城市建设侵占，另一方面这些地区的耕地主要种植附加值更高的经济作物，两方面的原因都会导致粮食种植面积的下降和粮食的减产。

（二）农业电力设施为粮食增产提供新动力

电力设施是我国基础设施的重要组成部分，是其他基础设施发挥作用的"先行基础设施"，同样农业电力设施也是其他农业基础设施（尤其是农田水利设施）发挥作用的"先行基础设施"。长期以来，我国农业生产都以人力和畜力为主，改革开放以后，机械动力和电力逐步取代人力和畜力成为主要的农业生产动力。农业机械动力一直受到高度重视，一些研究甚至将农业机械化等同于农业现代化。相比于农业机械动力，农业电力至今却尚未引起足够的重视，但在实际农业生产中，农业电力却发挥着越来越重要的作用，如在传统的农田排灌中电动机逐渐取代内燃机，还有逐渐出现在农业的电力植保机、烘干机，电动机对内燃机的取代成为技术创新的方向与趋势。从农业用电量来看，2021年我国农业用电量为1 040亿千瓦时，其中农林牧渔服务业用电量占第一产业用电量的60%以上，特别是排灌用电量占第一产业用电总量的50%左右，在旱涝天气灾害多发的年份和地区这一比例会更高，并且我国农业用电量绝对额增长率也正在超过工业。因此，农业电力已经成为农业生产的重要动力，并且未来还会发挥更加重要的作用，我们需要更加重视农业电力设施。

第四节　粮食安全战略下农业基础设施对粮食增产影响的区域差异效应

不同的粮食主产区对农业基础设施的需求通常会存在差异，而且各粮食主产区的需求差异又不相同。本部分即基于此展开农业基础设施与粮食增产间区域差异效应的评估与检验分析。

一、区域差异效应评估的模型构建

（一）模型构建

本部分仍是利用被广大学者认可的C-D生产函数构建粮食生产的投入产出模型，C-D生产函数的基础模型为：

$$\ln y_{it} = \alpha_0 + \alpha_1 \ln infr_{it} + \alpha_2 \ln Controls_{it} + v_{it} \qquad (4-16)$$

其中，y_{it}为粮食产量，α_0为截距项，$\ln infr_{it}$为农业基础设施变量，$\ln Controls_{it}$为影响粮食产量的其他解释变量，v_{it}为随机扰动项，α_1、α_2为待估系数。具体来说，y_{it}是本书的被解释变量，包括稻谷总产量、玉米总产量、小麦总产量；$\ln infr_{it}$是本书的核心解释变量，指各省（自治区、直辖市）历年的农业基础设施，包括农业基础设施存量、农田水利设施、农业电力设施以及农村交通基础设施。$\ln Controls_{it}$是本书的控制变量，包括影响粮食生产的一些基础因素，如土地、化肥、农业机械、劳动力、自然灾害、国家政策等。

（二）变量说明与数据来源

本部分主要研究三大主粮生产区域的农业基础设施对粮食的增产效应，为此本书选取了稻谷总产量、玉米总产量、小麦总产量作为被解释变量，解释变量为影响粮食产量的因素，包括农业基础设施、农田水利设施、农业电力设施、农村交通设施等核心变量和土地投入、化肥投入、机械投入、劳动力投入、自然灾害、国家政策等控制变量。

同时，本书选取除香港、澳门和台湾外的全国 31 个省（自治区、直辖市）作为研究范围，时间跨度为 2000—2021 年共 22 年。本书选取的变量原始数据主要来源于中经网数据库、知网数据库以及《能源数据简明手册》。

（三）三大主粮主要产区的构建

基于上述理论和模型，研究农业基础设施对稻谷、玉米、小麦三种主要粮食作物的产量的影响。我国地域面积广阔，各地区的地形、湿度、光照等自然条件差异较大，稻谷、玉米、小麦三种农作物在我国的生长分布具有区域上的差异性。2017 年中央 1 号文件提出，科学合理划定稻谷、小麦、玉米粮食生产功能区，但是目前尚未发现权威的三大主粮生产功能区划分标准。本书借鉴陈飞等（2010）的做法，根据产量占全国比重进行排序，选取该种粮食比重高于 1% 的省份作为样本个体来尝试构建三大主粮主产区（表 4 - 14）。

根据表 4 - 14 中各省（自治区、直辖市）的稻谷、玉米、小麦等粮食产量占比排序，分别构建了我国的三大主粮生产区域，如表 4 - 15 所示。其中，湖南、江苏、江西、黑龙江、湖北、四川、安徽、广西、广东、浙江、云南、福建、吉林、重庆、辽宁、贵州、河南、山东 18 个省（自治区、直辖市）为稻谷主要产区，吉林、黑龙江、山东、河南、河北、内蒙古、辽宁、山西、四川、云南、陕西、新疆、甘肃、安徽、贵州、湖北、重庆、江苏、广西、宁夏、湖南 21 个省（自治区、直辖市）为玉米主要产区，而河南、山东、河北、安徽、江苏、新疆、四川、陕西、湖北、甘肃、山西、内蒙古 12 个省（自治区、直辖市）为小麦主要产区。

表 4－14　2000—2021 年除香港、澳门和台湾外全国各省（自治区、直辖市）

稻谷、玉米、小麦产量占比排序

序号	省份	稻谷占比（%）	省份	玉米占比（%）	省份	小麦占比（%）
1	湖南	12.98	吉林	12.38	河南	26.30
2	江苏	9.38	黑龙江	12.02	山东	18.03
3	江西	9.34	山东	10.77	河北	11.26
4	黑龙江	8.31	河南	8.92	安徽	9.72
5	湖北	8.20	河北	8.45	江苏	8.41
6	四川	7.95	内蒙古	8.42	新疆	4.54
7	安徽	6.95	辽宁	7.09	四川	4.19
8	广西	6.11	山西	4.13	陕西	3.71
9	广东	5.99	四川	3.94	湖北	2.80
10	浙江	3.55	云南	3.50	甘肃	2.44
11	云南	3.20	陕西	2.94	山西	2.18
12	福建	2.74	新疆	2.84	内蒙古	1.41
13	吉林	2.65	甘肃	2.13	云南	0.91
14	重庆	2.60	安徽	2.05	黑龙江	0.68
15	辽宁	2.35	贵州	2.05	宁夏	0.61
16	贵州	2.24	湖北	1.43	贵州	0.56
17	河南	2.18	重庆	1.42	重庆	0.54
18	海南	0.76	江苏	1.34	天津	0.47
19	山东	0.54	广西	1.31	青海	0.36
20	上海	0.49	宁夏	0.93	浙江	0.24
21	陕西	0.44	湖南	0.93	北京	0.24
22	内蒙古	0.33	天津	0.51	西藏	0.23
23	宁夏	0.33	广东	0.41	上海	0.15
24	新疆	0.30	北京	0.39	湖南	0.10
25	河北	0.28	浙江	0.12	辽宁	0.07
26	天津	0.06	福建	0.09	吉林	0.03
27	甘肃	0.02	江西	0.05	江西	0.03
28	北京	0.01	青海	0.05	福建	0.02
29	山西	0.01	海南	0.04	广东	0.01
30	西藏	0.00	上海	0.02	广西	0.01
31	青海	0.00	西藏	0.01	海南	0.00

表 4 - 15　稻谷、玉米、小麦三大粮食作物主要产区个体选取

粮食作物	区域个体选取
稻谷	湖南、江苏、江西、黑龙江、湖北、四川、安徽、广西、广东、浙江、云南、福建、吉林、重庆、辽宁、贵州、河南、山东 18 个省（自治区、直辖市）
玉米	吉林、黑龙江、山东、河南、河北、内蒙古、辽宁、山西、四川、云南、陕西、新疆、甘肃、安徽、贵州、湖北、重庆、江苏、广西、宁夏、湖南 21 个省（自治区、直辖市）
小麦	河南、山东、河北、安徽、江苏、新疆、四川、陕西、湖北、甘肃、山西、内蒙古 12 个省（自治区、直辖市）

注：①区域个体选取按比重大小排列顺序；②对个体的选取基本遵循占比大于 1% 的原则，同时也会考虑一些粮食主要产区的重要性，如在稻谷主要产区区域选取时，考虑到山东省是粮食主要产区且占比在 0.5% 以上，故将山东省纳入区域样本；同理将宁夏、湖南省纳入玉米主要产区样本。

二、区域差异效应评估的实证检验

（一）变量间相关性分析

上述分析发现，稻谷主要产区、玉米主要产区、小麦主要产区所有对数序列皆为平稳序列，具备协整关系的基础条件。但随着粮食主要产区功能定位的进一步明确，为促进粮食主要产区科学发展，提高可持续发展能力，使之能集中各种资源发展现代农业，不断提高农业综合生产能力。如何探寻粮食生产产量与质量最大化效应下农业基础设施与粮食生产的匹配问题，如何实现农业基础设施与粮食安全之间的动态互促，必将成为各粮食主要产区科学发展中应重点考虑的问题，也将有助于更好地指导各粮食主要产区的可持续发展与科学定位。本部分依托 31 个省份的 22 年面板数据，并对各变量进行取对数分解处理以消除异方差性，基于多变量协整检验分析视角研究农业基础设施与稻谷、玉米、小麦三大主要产区粮食生产之间的耦合问题（表 4 - 16、表 4 - 17）。

表 4 - 16　变量的方差分析

Source	SS 平方和	Df 自由度	MS 均方根	样本观测值 F 显著检验 （7 426）	＝5 456 ＝12 610.67
Model	8.924 033 87	31	1.274 861 980	Prob＞F	＝0.000 00
Residual	0.043 066 00	5 425	0.000 101 094	拟合度	＝0.995 20
Total	8.967 099 87	5 456	0.020 709 238	调整拟合度 均方根	＝0.995 10 ＝0.010 05

表 4 - 17 变量之间相关性的稳健估计

	系数	标准误差	t 统计量	P＞｜t｜	[95％置信区间]	
ln$I$	0.000 051 2	0.000 028 1	1.83	0.076	−4.405 642 0	0.000 110 2
lnIan	1.128 724 0	2.903 456 0	−0.39	0.712	−6.825 321 0	4.596 781 0
lncfe	1.613 861 0	1.663 457 0	0.98	0.337	−1.666 745 0	4.883 451 0
lnLab	4.213 851 0	1.512 345 0	−2.82	0.006	−7.161 256 0	−1.275 321 0
lnNdi	−0.000 329 6	0.000 156 7	2.12	0.039	−0.000 651 2	0.000 017 3
lnFir	2.012 245 0	1.329 532 0	2.13	0.214	0.009 322 1	0.323 521 3
ln$Agdp$	−1.012 252 0	1.378 912 0	2.09	0.229	0.008 427 6	0.221 223 4
_ cons	0.016 575 3	0.002 268 5	7.31	0.000	0.012 116 5	0.021 034 1

从表 4 - 16 模型变量的方差分析及表 4 - 17 模型变量之间相关性的稳健估计回归分析发现，农业基础设施投资存量 ln$I$ 与粮食生产总量 ln$G$、土地投入 lnLan 与粮食生产总量 ln$G$、化肥投入 lncfe 与粮食生产总量 ln$G$、劳动力投入 lnLab 与粮食生产总量 ln$G$、财政收入水平 lnFri 与粮食生产总量 ln$G$ 之间均存在正相关性，而自然灾害 lnNdi 与粮食生产总量 ln$G$、社会经济发展 ln$Agdp$ 与粮食生产总量 ln$G$ 之间等则存在负相关性。

（二）面板数据的回归分析

分析农业基础设施整体上对稻谷、玉米、小麦三大主要产区粮食生产的增产贡献，模型估计结果如表 4 - 18 所示。

首先，全国层面各自变量对粮食生产水平的影响。

可使用差分 GMM（dif-GMM）与系统 GMM（sys-GMM）两种动态面板数据进行全国层面上农业基础设施投资存量 ln$I$、土地投入 lnLan、化肥投入 lncfe、劳动力投入 lnLab、自然灾害 lnNdi、财政收入水平 lnFir、社会经济发展 ln$Agdp$ 等自变量指标与粮食生产总量 ln$G$ 之间的耦合程度进行估计分析。

表 4 - 18 2000—2021 年全国层面粮食生产水平影响因素的 GMM 估计

	Dif-GMM	Dif-GMM	Dif-GMM	Dif-GMM	Dif-GMM	Dif-GMM	Dif-GMM	Sys-GMM	Sys-GMM	Sys-GMM	Sys-GMM	Sys-GMM	Sys-GMM	Sys-GMM
lnI	0.159 2***	0.134 1***	0.152 4***	0.136 1***	0.156 1***	0.158 2***	0.156 6***	0.145 6***	0.065 2*	0.068 9*	0.072 3*	0.125 8***	0.224 1***	0.122 8***
	(0.015)	(0.017)	(0.018)	(0.016)	(0.021)	(0.029)	(0.038)	(0.024)	(0.039)	(0.040)	(0.038)	(0.031)	(0.029)	(0.054)
lnLan		0.027 8*	0.030 2*	0.031 2*	0.031 4*	0.035 8*	0.034 9**		0.134 1***	0.156 2***	0.174 8***	0.027 1	0.028 3	0.030 1
		(0.018)	(0.021)	(0.023)	(0.019)	(0.017)	(0.013)		(0.037)	(0.035)	(0.033)	(0.028)	(0.032)	(0.025)
lncfe			0.023 9*	0.048 7*	0.049 2*	0.050 2*	0.198 2**			0.167 2***	0.156 4***	0.327 9*	0.368 8*	0.388 2**
			(0.023)	(0.031)	(0.032)	(0.024)	(0.083)			(0.029)	(0.025)	(0.131)	(0.142)	(0.142)
lnLab				0.045 6*	0.048 3	0.049 8*	0.152 1**				0.194 2**	0.166 8**	0.172 6**	0.173 9**
				(0.029)	(0.028)	(0.031)	(0.015)				(0.035)	(0.015)	(0.016)	(0.012)
lnNdi					−0.047 9	−0.049 9*	−0.137 7**					−0.187 1**	−0.376 9*	−0.433 1
					(0.031)	(0.029)	(0.061)					(0.022)	(0.015)	(0.026)
lnFir						0.045 6*	0.197 5**						0.198 3*	0.480 2**
						(0.021)	(0.027)						(0.015)	(0.032)
lnAgdp							0.184 2**							0.168 5**
							(0.011)							(0.022)
N	5 425	5 425	5 425	5 425	5 425	5 425	5 425	5 456	5 456	5 456	5 456	5 456	5 456	5 456
AR (2) -P 值	3.14	2.89	3.56	3.39	3.67	3.19	4.47	0.17	0.21	0.18	0.19	0.22	0.23	0.19
Sargan 检验	503.74	441.38	505.72	445.53	505.34	447.28	518.82	777.53	664.35	598.31	603.12	598.38	606.17	606.17
Hansen 检验	23.51	21.72	22.52	23.12	25.52	24.35	23.41	0.34	0.23	0.23	0.22	0.32	0.21	0.19

备注：① *、**、*** 分别表示 1%、5%、10% 的统计水平上显著；② 各检验值后括号内的数据为对应的伴随概率 P。

表 4-18 中，从全国层面来看，在各自变量与粮食生产之间耦合关系的 GMM 估计分析中，前七列为差分 GMM 估计分析，后七列为系统 GMM 估计分析。其中，差分 GMM 估计中，本书通过逐步加入农业基础设施投资存量 $\ln I$、土地投入 $\ln Lan$、化肥投入 $\ln cfe$、劳动力投入 $\ln Lab$、自然灾害 $\ln Ndi$、财政收入水平 $\ln Fir$、社会经济发展 $\ln Agdp$ 等变量指标发现，除自然灾害 $\ln Ndi$ 的影响为负外，其余变量对粮食生产总量 $\ln G$ 的影响均为正，且显著。同时，为增加 GMM 估计检验的有效性，本书进行了进一步的系统 GMM 估计检验，检验结果表明，系统 GMM 估计检验与差分 GMM 估计检验结果在方向上基本一致，且统计结果均较显著。故不难发现，变量的回归分析具有较强的稳定性。同时，AR（2）-P 值均大于 0.05，各指标与粮食生产总量 $\ln G$ 之间均不存在二阶自相关性，故无须再做更高阶的检验；同时，Sargan 检验及 hansen 检验也均能通过过渡性识别检验，所以各变量的选择是有效的，该模型的构建是合理的。故从全国层面来看，农业基础设施投资存量 $\ln I$ 与粮食生产总量 $\ln G$ 之间具有较显著的相关性，农业基础设施投资存量 $\ln I$、土地投入 $\ln Lan$、化肥投入 $\ln cfe$、劳动力投入 $\ln Lab$、财政收入水平 $\ln Fir$、社会经济发展 $\ln Agdp$ 一定程度上均能促进粮食生产总量 $\ln G$ 的提升。

其次，稻谷主要产区各自变量对稻谷生产水平的影响。

使用差分 GMM（dif-GMM）与系统 GMM（sys-GMM）两种动态面板数据进行 18 个稻谷主要产区农业基础设施投资存量 $\ln I$、土地投入 $\ln Lan$、化肥投入 $\ln cfe$、劳动力投入 $\ln Lab$、自然灾害 $\ln Ndi$、财政收入水平 $\ln Fir$、社会经济发展 $\ln Agdp$ 等自变量指标与稻谷生产总量 $\ln G_{稻谷}$ 之间的耦合程度进行估计分析，如表 4-19 所示。

通过对表 4-19 分析，在稻谷主要产区的 18 个省份的差分 GMM 估计中，农业基础设施投资存量 $\ln I$、土地投入 $\ln Lan$、化肥投入 $\ln cfe$ 等指标同全国层面指标一样，对稻谷生产总量 $\ln G_{稻谷}$ 产生较显著的正向影响；相对于全国层面而言，自然灾害 $\ln Ndi$、财政收入水平 $\ln Fir$ 等指标则产生了较显著的负向影响，而劳动力投入 $\ln Lab$ 这一指标对稻谷生产总量 $\ln G_{稻谷}$ 的影响却并不显著，这可能与稻谷主要产区具有较好的工业发展基础及较好的先天环境条件有关。同时，在系统 GMM 估计中，系统 GMM 估计检验与差分 GMM 估计检验结果在方向上基本一致，且统计结果的显著性与差分 GMM 估计检验亦基本一致，故稻谷主要产区 18 个省份各变量的回归分析也具有较强稳定性。同时，

表 4 - 19　2000—2021 年稻谷主要产区生产水平影响因素的 GMM 估计

	Dif-GMM	Dif-GMM	Dif-GMM	Dif-GMM	Dif-GMM	Dif-GMM	Dif-GMM	Sys-GMM	Sys-GMM	Sys-GMM	Sys-GMM	Sys-GMM	Sys-GMM	Sys-GMM
lnI	0.138 2***	0.143 5***	0.135 4***	0.162 7***	0.151 7***	0.158 2***	0.154 9***	0.155 1***	0.066 1*	0.070 2*	0.134 6*	0.130 5***	0.123 7***	0.133 8***
	(0.012)	(0.013)	(0.015)	(0.013)	(0.022)	(0.026)	(0.029)	(0.021)	(0.041)	(0.043)	(0.039)	(0.029)	(0.030)	(0.056)
$lnLan$		0.031 2*	0.032 1*	0.029 9*	0.036 2*	0.030 5*	0.035 2*		0.014 3***	0.016 2***	0.018 2***	0.028 2	0.028 7	0.031 2
		(0.021)	(0.024)	(0.025)	(0.012)	(0.018)	(0.015)		(0.039)	(0.032)	(0.031)	(0.024)	(0.035)	(0.031)
$lncfe$			0.050 1	0.050 5*	0.050 5*	0.050 6*	0.201 2**			0.173 1***	0.126 2***	0.132 8***	0.137 1**	0.138 6***
			(0.038)	(0.035)	(0.031)	(0.031)	(0.082)			(0.031)	(0.028)	(0.137)	(0.147)	(0.153)
$lnLab$				0.059 8	0.075 7	0.078 4	0.175 3				0.205 2	0.173 2	0.189 9	0.185 9
				(0.051)	(0.075)	(0.056)	(0.142)				(0.062)	(0.163)	(0.151)	(0.171)
$lnNdi$					−0.052 1	−0.050 1	−0.153 2*					−0.207 4**	−0.506 2**	−0.042 1
					(0.033)	(0.035)	(0.021)					(0.012)	(0.016)	(0.011)
$lnFir$						−0.050 8*	−0.127 5**						−0.195 6**	−0.416 3**
						(0.021)	(0.017)						(0.015)	(0.012)
$lnAgdp$							0.206 5**							0.197 8**
							(0.031)							(0.012)
N	3 150	3 150	3 150	3 150	3 150	3 150	3 150	3 168	3 168	3 168	3 168	3 168	3 168	3 168
AR（2）- P 值	3.21	2.92	3.67	3.42	3.75	4.09	4.52	0.18	0.23	0.19	0.21	0.23	0.21	0.18
Sargan 检验	505.74	38.02	505.83	445.87	513.45	454.28	521.32	707.52	674.53	625.38	629.76	649.46	666.26	653.17
Hansen 检验	25.52	21.72	22.78	25.37	27.32	26.35	22.31	0.23	0.27	0.21	0.25	0.34	0.19	0.22

备注：① *、**、*** 分别表示 1%、5%、10% 的统计水平上显著；② 各检验值后括号内的数据为对应的伴随概率 P。

AR（2）-P 值也均大于 0.05，各指标与稻谷生产总量 $\ln G_{稻谷}$ 之间均不存在二阶自相关性，无须再做更高阶检验；Sargan 检验及 hansen 检验也均能通过过渡性识别检验，对于稻谷主要产区而言，各变量的选择也是有效的，模型的构建也是合理的。

再次，玉米主要产区各自变量对玉米生产水平的影响。

进行 21 个玉米主要产区农业基础设施投资存量 $\ln I$、土地投入 $\ln Lan$、化肥投入 $\ln cfe$、劳动力投入 $\ln Lab$、自然灾害 $\ln Ndi$、财政收入水平 $\ln Fir$、社会经济发展 $\ln Agdp$ 等自变量指标与玉米生产总量 $\ln G_{玉米}$ 之间的耦合程度进行估计分析，如表 4-20 所示。

通过对表 4-20 分析，在玉米主要产区的 20 个省份的差分 GMM 估计中，除自然灾害 $\ln Ndi$ 对玉米生产总量 $\ln G_{玉米}$ 产生负的影响外，农业基础设施投资存量 $\ln I$、土地投入 $\ln Lan$、化肥投入 $\ln cfe$、劳动力投入 $\ln Lab$、财政收入水平 $\ln Fir$ 及社会经济发展 $\ln Agdp$ 均对玉米生产总量 $\ln G_{玉米}$ 产生正的影响。同时，在系统 GMM 估计中，系统 GMM 估计检验与差分 GMM 估计检验结果在方向上基本一致，且统计结果的显著性与差分 GMM 估计检验亦基本一致，故玉米主要产区的 20 个省份各变量的回归分析也具有较强稳定性，而且 AR（2）-P 值也均大于 0.05，各指标与玉米生产总量 $\ln G_{玉米}$ 之间均不存在二阶自相关性，无须再做更高阶检验；Sargan 检验及 hansen 检验也均能通过过渡性识别检验，对于玉米主要产区而言，各变量的选择也是有效的，模型的构建也是合理的。但估计检验结果也显示，社会经济发展 $\ln Agdp$ 对玉米生产总量 $\ln G_{玉米}$ 的影响却并不是特别显著，玉米主要产区在提升玉米生产的过程中应引起重视，应逐步修改调试工业反哺农业的相关政策，积极发挥经济发展对农业生产的促进作用。

最后，小麦主要产区各自变量对小麦生产水平的影响。

依托面板数据对河南、山东、河北、安徽、江苏、新疆、四川、陕西、湖北、甘肃、山西、内蒙古 12 个小麦主要产区的农业基础设施投资存量 $\ln I$、土地投入 $\ln Lan$、化肥投入 $\ln cfe$、劳动力投入 $\ln Lab$、自然灾害 $\ln Ndi$、财政收入水平 $\ln Fir$、社会经济发展 $\ln Agdp$ 自变量指标与玉米生产总量 $\ln G_{玉米}$ 之间的耦合程度进行差分 GMM 与系统 GMM 估计检验，其检验结果如表 4-21 所示。

表 4 – 20　2000—2021 年玉米主要产区生产水平影响因素的 GMM 估计

	Dif-GMM	Dif-GMM	Dif-GMM	Dif-GMM	Dif-GMM	Dif-GMM	Dif-GMM	Sys-GMM	Sys-GMM	Sys-GMM	Sys-GMM	Sys-GMM	Sys-GMM	Sys-GMM
lnI	0.136 2***	0.148 5***	0.134 4***	0.162 7***	0.158 9***	0.151 3***	0.159 6***	0.151 7***	0.067 1*	0.070 8*	0.079 6*	0.132 5***	0.023 7***	0.014 8***
	(0.011)	(0.015)	(0.016)	(0.012)	(0.012)	(0.018)	(0.019)	(0.017)	(0.031)	(0.023)	(0.034)	(0.025)	(0.023)	(0.026)
lnLan		0.036 4*	0.040 1*	0.037 9*	0.037 5*	0.037 1*	0.033 2**		0.148 1**	0.126 2**	0.124 2**	0.128 2	0.128 3	0.135 2
		(0.028)	(0.021)	(0.019)	(0.022)	(0.018)	(0.017)		(0.037)	(0.029)	(0.028)	(0.032)	(0.033)	(0.036)
lncfe			0.042 2*	0.052 1*	0.053 5*	0.043 6*	0.212 2**			0.187 1*	0.126 2*	0.132 5*	0.137 3*	0.133 6*
			(0.033)	(0.039)	(0.032)	(0.029)	(0.032)			(0.135)	(0.128)	(0.127)	(0.142)	(0.133)
lnLab				0.037 8	0.035 4	0.038 9	0.293 0				0.240 2	0.197 2	0.198 9	0.188 3
				(0.032)	(0.035)	(0.046)	(0.042)				(0.042)	(0.023)	(0.035)	(0.133)
lnNdi					−0.392 5*	−0.491 8*	−0.280 2**					−0.311 2**	−0.502 4*	−0.404 6**
					(0.034)	(0.021)	(0.018)					(0.017)	(0.012)	(0.016)
lnFir						0.050 8*	0.195 2**						0.206 9*	0.478 1**
						(0.027)	(0.012)						(0.023)	(0.019)
lnAgdp							0.205 2							0.198 6
							(0.031)							(0.012)
N	3 675	3 675	3 675	3 675	3 675	3 675	3 675	3 696	3 696	3 696	3 696	3 696	3 696	3 696
AR (2) – P 值	3.18	2.99	3.32	3.18	3.32	3.27	3.44	0.14	0.21	0.22	0.18	0.23	0.18	0.23
Sargan 检验	525.722	491.33	512.74	459.56	512.38	507.28	532.32	677.51	668.37	627.38	638.19	608.17	616.36	625.67
Hansen 检验	23.52	23.75	25.22	26.26	22.42	25.36	23.48	0.27	0.24	0.31	0.29	0.31	0.29	0.28

备注：①*、**、***分别表示 1%、5%、10% 的统计水平上显著；②各检验值后括号内的数据为对应的伴随概率 P。

表 4 - 21　2000—2021 年小麦主要产区生产水平影响因素的 GMM 估计（2000—2021）

	Dif-GMM	Dif-GMM	Dif-GMM	Dif-GMM	Dif-GMM	Dif-GMM	Dif-GMM	Sys-GMM	Sys-GMM	Sys-GMM	Sys-GMM	Sys-GMM	Sys-GMM	Sys-GMM
lnI	0.138 7*** (0.012)	0.148 9*** (0.017)	0.137 5* (0.019)	0.169 7*** (0.015)	0.148 9* (0.032)	0.156 5* (0.024)	0.159 8*** (0.021)	0.160 1*** (0.017)	0.069 8* (0.033)	0.076 4* (0.026)	0.080 5* (0.032)	0.140 7*** (0.031)	0.030 8** (0.026)	0.015 1** (0.026)
lnLan		0.039 6* (0.025)	0.049 9* (0.024)	0.038 9* (0.021)	0.037 6* (0.021)	0.034 5* (0.021)	0.037 9** (0.018)		0.150 1* (0.038)	0.127 9* (0.031)	0.125 9* (0.027)	0.129 6 (0.036)	0.125 6 (0.031)	0.139 9 (0.038)
lnfe			0.045 3* (0.029)	0.053 4* (0.035)	0.051 2* (0.031)	0.049 9* (0.026)	0.215 5** (0.028)			0.188 7*** (0.129)	0.129 8* (0.137)	0.142 3* (0.125)	0.147 8* (0.121)	0.139 9** (0.129)
lnLab				0.038 2 (0.031)	0.037 6 (0.034)	0.039 1 (0.041)	0.296 8 (0.041)				0.207 4 (0.023)	0.210 3 (0.042)	0.199 9 (0.037)	0.190 2 (0.039)
lnNdi					−0.332 5 (0.033)	−0.487 8* (0.023)	−0.298 2** (0.019)					−0.391 2** (0.054)	−0.502 4* (0.057)	−0.484 6** (0.069)
lnFir						0.058 5 (0.025)	0.195 8 (0.014)						0.206 1 (0.053)	0.478 9 (0.021)
lnAgdp							0.201 5 (0.029)							0.199 8 (0.019)
N	2 100	2 100	2 100	2 100	2 100	2 100	2 100	2 112	2 112	2 112	2 112	2 112	2 112	2 112
AR (2) - P 值	3.02	2.99	3.05	3.23	3.31	3.79	3.29	0.19	0.25	0.23	0.17	0.21	0.22	0.21
Sargan 检验	556.78	592.31	573.75	578.51	522.37	527.21	554.37	678.58	658.36	657.37	628.24	617.16	626.38	642.57
Hansen 检验	27.51	23.23	25.79	32.28	35.46	22.39	27.49	0.28	0.25	0.32	0.28	0.34	0.34	0.31

备注：① *、**、***分别表示 1%、5%、10%的统计水平上显著；②各检验值后括号内的数据为对应的伴随概率 P。

通过对表 4 - 21 分析，在小麦主要产区的 12 个省份的差分 GMM 估计中，除自然灾害 $\ln Ndi$ 对小麦生产总量 $\ln G_{\text{小麦}}$ 产生负的影响外，农业基础设施投资存量 $\ln I$、土地投入 $\ln Lan$、化肥投入 $\ln cfe$、劳动力投入 $\ln Lab$、财政收入水平 $\ln Fir$ 及社会经济发展 $\ln Agdp$ 均对小麦生产总量 $\ln G_{\text{小麦}}$ 产生正向显著影响。同时，在系统 GMM 估计中，系统 GMM 估计检验与差分 GMM 估计检验结果在方向上基本一致，且统计结果的显著性与差分 GMM 估计检验亦基本一致，故 12 个小麦主要产区各变量的回归分析也具有较强稳定性，而且 AR（2）- P 值也均大于 0.05，各指标与小麦生产总量 $\ln G_{\text{小麦}}$ 之间均不存在二阶自相关性，无须再做更高阶检验；Sargan 检验及 hansen 检验也均能通过过渡性识别检验，对于 12 个小麦主要产区而言，各变量的选择也是有效的，模型的构建也是合理的。同时，估计检验结果也显示，财政收入水平 $\ln Fir$ 及社会经济发展 $\ln Agdp$ 对小麦生产总量 $\ln G_{\text{小麦}}$ 的影响却并不是特别显著，12 个小麦主要产区在发展小麦生产的过程中应引起重视。

三、实证结论与分析

本书在构建了三大主粮主要产区的基础上研究农业基础设施对粮食增产效应在区域上的差异。通过实证分析，本书得出以下两个主要结论。

（一）三大主粮主要产区的粮食生产对农业基础设施的需求存在明显差异

三大主粮主要产区的粮食生产对农业基础设施的需求存在明显的差异，稻谷、小麦主要产区的稻谷、小麦生产对农业基础设施的需求较大，而玉米主要产区的玉米生产对农业基础设施的需求较小。整体上看，稻谷和小麦主要产区的稻谷和小麦生产对农业基础设施的需求比较大，而玉米主要产区的玉米生产则对农业基础设施的需求没那么明显。在稻谷主要产区，农业基础设施显著增加了稻谷产出。根据本书构建的粮食主要产区，我国稻谷主要产区集中在秦岭淮河以南地区和东北平原，其中超过 80% 的稻谷主要产区在南方地区，多属于亚热带和热带季风气候区。这两个气候区的降水都集中在夏季，致使夏天洪涝和其他季节的干旱易发。因此，对稻谷生产破坏最大的属旱涝灾害，农业基础设施尤其是农田水利设施可以缓解稻谷生产经常面对的自然灾害破坏，在一定程度上改变了"望天吃饭"。在玉米主要产区，农业基础设施对玉米总产量影响不明显。主要原因可能是玉米是我国三大主粮中分布最广的粮食作物，覆盖了除东南沿海和青藏高原以外的几乎全部省份。玉米能够广泛分布在我国的各个区域，得益于玉米的适应性强、对农业基础设施的需求小。近年，我国玉米的种植面积和总产量都实现了大幅增长，是我国粮食实现连年增产的最大贡献者。推动玉米产量增长的主要原因是市场饲料用粮的需求增加和良种技术的突破，农业基础设施整体上影响不大。在小麦主要产区，农业基础设施对小麦总产量影响为正。小麦主要产区的集中度最高，从小麦主要产区分布来看，在气候上主要处于温带季风气候和温带大陆气候，降水集中在夏季且全年降水总量偏少，且地面河流湖泊较少。因此，部分小麦主要产区的灌溉水源多以地下水为主，抽取地下水进行灌溉对农业基础设施的需求较大。

（二）三大主粮主要产区对不同类型农业基础设施的需求不同

细分而言，稻谷主要产区和玉米主要产区最需要投资的是农田水利基础设施，小麦主要产区最需要投资的则是农业电力基础设施。在目前技术水平下，我国稻谷品种依然以水稻为主，水稻的生长特性决定了农田水利设施的重要性，并且稻谷主要产区除主要分布在秦岭淮河以南，属于热带季风和亚热带季风气候，旱涝频发，农田水利设施排涝抗旱功能尤为重要。农业电力设施与农村交通设施对稻谷生产影响不显著，而且农业电力设施在稻谷的生产环节中参与也不多。南方稻谷生产主要依赖小型农业机械，对农村交通设施的要求并不高，此外人力畜力参与稻谷生产环节的比例依然很高。玉米主要产区分布最广，除青藏高原和热带季风气候区域外，其他各省（自治区、直辖市）均为玉米主要产区。玉米种植区域经纬度跨度大，地形差异也大，尽管在湿润地区一般不需要灌溉，但在干旱或半干旱地区，则需要根据情况进行有效灌溉。另外玉米生长期较高的植株需水量与经常性干旱相伴而生，加之区域水资源短缺与农田水利建设投入有限，玉米主要产区 70％以上仍为雨养农业。农业电力设施变量显著为负，主要是因为玉米生产环节对电力需求少，但是玉米脱粒和磨粉等环节的机械化程度越来越高，耗电量快速增长，导致农业电力设施与玉米总产量呈负相关关系。我国玉米的生产环节机械化程度在三大主粮中最低，农村交通设施的对玉米生产的影响也不大。农田水利设施对小麦主要产区小麦总产量的影响显著为负并不表明农田水利设施对小麦生产不重要，而是因为在华北和西北一带水资源缺乏，灌溉用水主要是从地下水抽取，加之小麦灌溉技术落后，使得整体使用效率不高，对小麦的生产产生了负影响。也因为小麦灌溉用水多从地下抽取，使得小麦再生产环节中单位用电量要显著高于其他两大主粮，对农业电力设施的需求明显。虽然小麦的机械化程度很高，但是华北地区和西北地区相对地势平坦，农业机械下田作业十分便利，使得农村交通基础设施对小麦的生产直接影响不明显。

第五节　粮食安全战略下农业基础设施对粮食增产影响的项目覆盖差异效应

　　农业基础设施建设项目的覆盖程度又会对粮食增产产生怎样的效应呢？本部分以河南省某国家粮食生产基地的高标准良田建设为例，从微观层面分析高标准农田建设这一综合性农业基础设施项目覆盖程度差异对粮食增产的影响。

一、项目覆盖差异效应评估的模型构建

（一）理论框架

　　所谓高标准农田，是指达到"田地平整肥沃、水利设施配套、田间道路通畅、林网建设适宜、科技先进适用、优质高产高效"标准，即"旱涝保收高标准农田"，"旱涝保收"是其核心目标之一。根据农业农村部要求，高标准农田建设完成后耕地质量要提高 1～2 个等级，它的好处一是可以增产，平均每亩地增产 100 千克；二是节水节电，通过高标准农田建设，亩均节水节电率分别可达 24.3％和 30.8％，化肥农药的施用量可分别减少 13.8％和 19.1％。建成的高标准农田只要管护得当，农田基础设施可以有效运转 15 年以上。根据这一思路，本书细化高标准农田促进粮食增产的路径，主要分为以下五个方面。

1. 路径一：增加耕地数量

　　高标准农田建设增加耕地数量的来源有两种：一种是通过高标准农田建设开发未利用的土地，包括荒草地、盐碱地、沼泽地、沙地、裸土地等，这些类型的土地在高标准农田建设之前不能用于粮食生产，高标准农田建设使之成为良田。另一种是高标准农田改变了原有的农田布局，如将采用占地面积较大的农沟排水改为暗管排水、将塘沟灌溉改为渠道灌溉、平整耕地减少田垄，这些建设都增加了耕地面积。

2. 路径二：提升耕地质量

　　耕地数量是粮食安全的基本保障，耕地质量是粮食安全的关键所在。高标准农田建设涵盖的农业基础设施内容广泛，建设标准至少包括田、林、土、

路、水、技、电、管 8 个方面，其中对"土"的技术标准要求体现在土壤质地、土层厚度、土壤养分、土壤环境等方面，对于土壤过薄、过砂等不良质地特征，通过客土改良使耕层质地变为壤土；通常农田土层厚度要大于 100 厘米，河滩地、沟坝地等土层厚度要不小于 60 厘米，应通过加厚土层，使耕地土层覆盖度 100％满足要求；通过土壤改良和培肥，增加土壤的团粒结构，提高土壤有机质含量，中南部农田土壤耕层有机质含量要大于 15 克/千克，西北部要大于 12 克/千克；通过合理的耕作措施使耕作层的厚度大于 25 厘米；修复治理污染土壤，使土壤的环境质量符合《土壤环境质量标准 GB 15618—2018》的标准。通过地力培肥与土壤改良工程提升耕地的质量，耕地质量的提升对提升粮食的单产有很大的帮助。

3. 路径三：提高复种指数

"复种"是反映耕地资源集约利用程度的重要指标，具体指一块地上一年内种收一季以上作物的种植方式。在我国一年一熟及一年多熟种植区能提供约 35 亿亩潜在收获面积；如果不考虑其他限制，在充分利用热量资源的情况下提高复种，收获面积差高达 13 亿亩，如果进一步考虑水资源限制，在不同水资源分配情景下，可获得收获面积差约为 2 亿～5.4 亿亩，约相当于总耕地面积的 11％～30％。在水资源、作物类型、灌溉措施三方面实际情况下，我国存在 1.17 亿吨的增产潜力，相对于现实产量 5.97 亿吨，约增加 19.6％，复种是未来粮食实现增产的突破口之一。

4. 路径四：提升管理效率

依然以南方水稻种植为例。农谚说："水是稻之命，又是稻之病"。这是因为水稻在生育期间对水的要求分阶段性需求不同，浅水移栽、薄水促蘖、够苗晒田、寸水护苞，后期干湿交替、以湿为主，收获前 10 天左右断水晾田。水稻种植在不同阶段对水的需求呈现较大的差异，如果"当灌不能灌，该排不能排"，会导致粮食单产大幅下降，进而使得粮食减产。因此，高标准农田项目建设通过提升粮食生产环节中的管理效率也可以帮助实现粮食增产。

5. 路径五：减少旱涝灾害

我国大部分粮食主要产区位于季风气候区，季风气候降雨集中在夏季，夏季降雨量大，暴雨多，容易短时间内形成大范围的洪涝灾害，洪涝灾害对农业生产造成的损失巨大。冬季雨水少，跨冬粮食作物和春季粮食作物很容易受干旱影响导致大面积的减产甚至绝收。受气候区域和地理条件影响，我国 2/3 的土地存在着不同类型和程度的灾害，在世界上也属于灾害发生频率较高的地区，严重影响我国的粮食生产。高标准农田建设及时排涝抗旱，减少粮食生产的损失，也是一种增产的表现。

（二）案例选择

Z农场根据河南省统筹整合资金推进高标准农田建设领导小组安排的总任务为3.3万亩，其中2017年的任务为1.5万亩，2018年的任务为1.8万亩。2020年Z农场高标准农田建设总投资4 120万元，新增耕地面积358亩。但是Z农场实际上从2010年开始就获得土地整理资金2 078万元，之后陆续获得各项与高标准农田建设相关的资金为18 412.52万元。其中，2021年更是Z农场高标准农田建设投入最大的一年，合计投入了8 070.41万元。

Z农场粮食生产的基本概况主要表现为：2012年至2021年10年间，Z农场的耕地面积从31 542亩增长到38 642亩，增长了22.51%，耕地增加主要得益于农业土地开发。其中，2012—2016年有一定数量的耕地外包，这些土地流转给了其他农业经营主体经营，因没有生产的粮食数据，因此在数据分析中必须考虑这一因素，将这部分耕地剔除。粮食播种面积从35 678亩增长到71 236亩，增长了99.66%。其中，小麦播种面积从13 296亩增长到32 906亩，增长147.49%；玉米播种面积从22 382亩增长到38 330亩，累计增长71.25%。粮食播种面积的增加一方面得益于耕地面积的增加，另一方面也是复种指数提高的结果，小麦的播种面积增长又是复种指数提高的重要原因。粮食平均亩产从900.72千克增加到1 154.55千克，累计增长28.18%。其中，小麦平均亩产从423.25千克增加到513.15千克，累计增长了21.24%；玉米平均亩产从477.47千克增加到641.40千克，累计增长34.33%。

二、项目覆盖差异效应评估的实证检验

（一）评估模型的构建

高标准农田建设对粮食增产的路径包括增加耕地数量、提高耕地质量、提高复种指数、提升管理效率、减少旱涝灾害，其中耕地质量提升、管理效率提升和减少旱涝灾害都反映在单产上。因此，本书研究沿袭这一思路设计了一个评估高标准农田建设对粮食增产评估的方法，如下：

$$Growth = [(Area + 1) \times (Unityield + 1) \times (Croppingindex + 1) - 1] \times 100\%$$

$$(4-17)$$

式 4 - 17 中，$Growth$ 表示稻谷产量的增长率，$Area$ 表示耕地面积的增长率，$Unityield$ 表示单产增长率，$Croppingindex$ 表示复种指数增长率。其中：

$$Area = \frac{(2021 \text{ 年耕地面积} - 2012 \text{ 年耕地面积})}{2012 \text{ 年耕地面积}} \times 100\%$$

$$Unityield = \frac{(2021 \text{ 年平均单产} - 2012 \text{ 年平均单产})}{2012 \text{ 年平均单产}} \times 100\%$$

$$Croppingindex = \frac{\dfrac{2021 \text{ 年播种总面积}}{2021 \text{ 年耕地面积}} - \dfrac{2012 \text{ 年播种总面积}}{2012 \text{ 年播种总面积}}}{\dfrac{2012 \text{ 年播种总面积}}{2012 \text{ 年耕地面}}} \times 100\%$$

（二）评估结果

依托式 4 - 17，对 Z 农场的粮食增产进行分解计算：

$$Area = \frac{(38\ 642 - 31\ 542)}{31\ 542} \times 100\% = 22.51\%$$

$$Unityield = \frac{(1\ 154.55 - 900.72)}{900.72} \times 100\% = 28.18\%$$

$$Croppingindex = \frac{(\dfrac{71\ 236}{38\ 642} - \dfrac{35\ 678}{31\ 542})}{\dfrac{35\ 678}{31\ 542}} \times 100\% = 62.98\%$$

故从总产量看，Z 农场的粮食增产率为：

$$Growth = [(Area + 1) \times (Unityield + 1) \times (Croppingindex + 1) - 1] \times 100\%$$
$$= [(22.51\% + 1) \times (28.18\% + 1) \times (62.98\% + 1) - 1] \times 100\% = 155.93\%$$

通过上述计算可以得出，Z 农场 2021 年生产比 2012 年增长了 155.93%，其中耕地面积增加和复种指数提升分别贡献了 22.51% 和 62.98%。考虑到 2012—2021 年灾害因素和技术进步等其他因素也会导致粮食产量的波动，为尽可能地评估高标准农田项目对粮食增产的"净"贡献，本书将 Z 农场的粮食产量与邻近的 W 县的粮食产量进行比较。2021 年以前，W 县高标准农田项目启动较晚，规模小，对当地粮食生产的影响微弱。因此，以 W 县的粮食生产为参照对象能够比较科学地评估出高标准农田项目对 Z 农场粮食生产的净效应。W 县 2012—2021 年的粮食平均年产量为 25 万吨，上下浮动不到 2%。因此，当地的灾害和技术进步等其他因素比较稳定，在这段时期没有显著地影响到粮食的产量，Z 农场的粮食增产主要受高标准农田建设的影响。

三、实证结论与分析

从评估结果可知：高标准农田项目建设显著促进了 Z 农场粮食增产，其中贡献最大的是复种指数提升，其次是耕地面积增长，可见高标准农田建设对提高粮食综合能力主要是通过增加耕地面积和提升复种指数实现的。

（一）依托财政扶持政策建设高标准农田项目

高标准农田建设项目的首要目标是实现粮食增产，在这一强有力的目标导向下，应积极建设高标准农田，实现粮食增产。这一情况下，虽然粮食的总量增长了，但实际的生产要素边际效益却下降了，导致了粮食生产短期内陷入某种意义上的"内卷化"困境。由于边际收益递减问题的存在，从经济效率上来说种双季远远不如种植单季划算，但是种植双季可以增加粮食产量，受益的是国家，即农户的粮食增产活动具有外部性。因此，应为农村高标准农田建设提供一定的财政扶持政策，为农业生产中的外部性问题的解决提供一定的补助，进而有利于粮食增产，通过"藏粮于高标准农田"提高粮食供给能力。

（二）积极增加耕地面积和提升复种指数

提高耕地面积与复种指数，同时增加化肥、农药、劳动力等要素的投入，有助于增加粮食生产数量。通过研究发现复种指数提升贡献了 45.87%。复种指数提升有效提升了粮食实际播种面积。在田间管理人员无法同步增加的情况下，仅靠农业机械化很难在短时间内提高粮食的生产效率，因此提升复种指数、增加粮食生产耕地面积数量，有利于提高粮食综合生产能力。

第五章
农业基础设施建设促进粮食生产的经验借鉴

农业基础设施是农业发展的基本要素之一，关系着农业生产水平、粮食综合生产能力和粮食增产。本章分析了国外粮食综合生产能力提升及农业基础设施建设的成功经验，以期为我国农业基础设施建设推动粮食生产提供经验借鉴。

第一节　国内外粮食综合生产能力提升的经验介绍

一、国外粮食综合生产能力提升的经验介绍

（一）美国粮食综合生产能力提升的经验

1. 对粮食生产的政策扶持

美国的市场经济体系高度发达，尽管政府很少出台干预市场经济发展的措施，但是粮食生产向来是各州政府财政投资的主要领域之一。联邦政府和州政府会在发生经济波动的时候出台相应的经济措施和宏观调控措施来弥补市场经济体制的缺陷，以应对经济波动对农业带来的冲击。美国对于农业领域的财政支出主要用于两个方面：第一是保障农业经济发展，包括农业生产技术水平的提升和进步、农业资源的开发与利用、农业基础设施的建设和投入、农业科研院所的发展、农业相关技术的转化、农业资源的勘探等；第二是对粮食生产进行补贴，包括价格保护、控制产量、鼓励出口等，主要是为了保护农产品价格和农民的劳动收入。因此，美国分别出台了《1993 年农业调整法》《美国联邦农业改进和改革方案》（1996 年）、《农场安全及农村投资法》（2002 年）、《食品、环保和能源法》（2008 年）等一系列相关的法律和政策，通过对农业领域的财政投资来直接引导粮食生产和整个农业的发展。

2. 对粮食生产的财政投资

美国各州政府享有独立立法权，其财政预算相对独立，受到联邦政府的管制较小。所以地方粮食生产所用到的农业灌溉水利设施基本上是由州政府承担投资，一些跨地域、跨河流的水利设施由联邦政府和州政府共同进行财政补贴。尽管很多小型的农田灌溉设施由农场主自主建设或者几个农场主联合建设，但是各个州的农业部门还要给予一定程度农业补贴。联邦政府还在全国范围内不断完善物流、能源、电力等相关基础设施，这不仅保障了粮食的生产流通，也为农业生产和农民的生产生活带来了充足的清洁能源。

3. 对粮食生产的"三位一体"科研支撑体系

美国的粮食生产科研体系采取的是以政府为主导、科研院所为主要参与成员的科研、教育、技术转化相结合的"三位一体"的科研体系。为加快农业科学技术的推广和科研成果的转化，美国政府专门设立了农业部联合推广局全面统筹管理全国农业发展，同时还负责制定相关的农业发展计划以及规范各部门之间的职责范围。美国各个州内的农业高等院校和科研院所是中层管理机构，主要负责科研成果的推广。每个推广中心下辖多个推广办公室，主要负责各个区域内的农业科技成果推广的示范工作。美国这种"三位一体"的农业科研体系全面覆盖了粮食生产技术的研发、推广、生产示范各个环节，从根本上全面提升了粮食的生产能力。首先，美国每年对高等农业院校和科研机构的财政支出巨大；其次，农民在推广站和农业院校进行农业生产咨询时，可以进行农业生产教育学习，提升自身生产技能；再次，相关科研人员在进行成果推广转化的过程中，能及时发现问题、反馈问题，保证科研和生产双向结合。

4. 对自然灾害的补偿力度的提升

美国加大了对自然灾害补偿力度，1995 年时美国联邦政府对自然灾害补偿财政支出为 1.01 亿美元，到 1998 年对自然灾害的补偿性财政支出已增加到 14.11 亿美元，1999 年和 2000 年的财政支出已经增加到了 16.35 亿美元和 21.41 亿美元。另外，美国还出台了一系列的法律和政策措施加强对缓解自然灾害的补偿力度，包括《联邦农业改进和改革法》（1996 年）、1998 年出台的拨款和废除法以及 1999 年追加的拨款法，2002 年又通过《农业安全和农村投资法》，出台相关措施对自然灾害的已发生和预期发生进行了财政援助和补贴支出。此外，《农业援助法》（2003 年）出台了作物灾害计划、牲畜补偿计划、牲畜援助计划。

5. 对耕地的保护

美国出台耕地保护计划的目的是控制粮食产量，防止粮食产能过剩，该计划把控制粮食产量和保护耕地融为一体，实施休耕轮作的生产方式，随着经济、社会、政治形势的发展，这种生产方式已经逐步成为提升土地粮食生产能力的一种重要方式。美国政府出台措施提升对保护土地的重视程度，规定农场主要想得到停耕土地相应收入一半以上的补贴金额，必须停耕 20％以上的土地面积，超过的部分还可以额外提升 10％的补贴额度。

6. 金融支持

美国的农业金融保障体系全面覆盖了全国所有的农业生产活动，主要成员是商业银行、保险公司以及私人信贷机构。农场主可以通过不动产抵押、短中期贷款进行粮食生产融资。此外，农场主还可以向州政府下辖的农业管理局申请经营贷款和无抵押的直接贷款，包括紧急灾害贷款、经济紧急贷款、农场经营贷款、土壤和水贷款、农场所有权贷款等。在 2002 年出台的新农业法又提升了农场主贷款的担保额度，从原来的 90％变为 95％。美国的农业金融体系每年向全国范围内的粮食生产者提供的贷款金额大致相当于每年的粮食总生产值。农场主申请的贷款可以用于生产设备购买、土地购买、基础设施建设、仓房建设以及购买必要的粮食生产资料，贷款期限一般为几个月到一年不等，也有长达几十年的长期贷款。贷款利息根据贷款的用途各不相同，浮动区间为 5％～9％。此外，商业银行以及私人信贷机构面向农业领域的贷款一般都会做出利率优惠，基本上不会超过工业贷款的 50％，有的甚至会低于当年的银行存款利率。

农业保险在美国农业金融保障体系中占有重要地位，美国出台的《农作物保险修正法案》（1980 年）详细规范了农业保险的覆盖范围，大体上涵盖了粮食生产各个环节。1999 年的保险预算主要由农民支付（27％）和税收（73％）组成，其中税收支出金额大约为 24 亿美元。从 1995 年开始，补贴金额以每年 14％的速度递增，2004 年美国的农作物保险补贴金额为 25 亿美元。美国政府提出要让农场主支付较少的金额得到全部的保险金额，农场主支付占比要控制在 20％以下。

7. 粮食生产布局

美国根据其国土中不同的土地、自然资源、生产条件及出口需求，对不同地域生产的粮食品种进行了规定和区分，以提高粮食的综合生产能力。如美国中东部的艾奥瓦、伊利诺伊、密苏里、内布拉斯加和肯塔基等州是大豆主产区。美国拥有三个小麦主产区三角地带，具体包括以北达科他州为主的及蒙大拿州、明尼苏达州和南达科他州的三角地带；以堪萨斯州为主及俄克拉何马州、科罗拉多州、内布拉斯加州和得克萨斯州的三角地带；以华盛顿州为主及爱达荷州和俄勒冈州的小三角地带。在玉米生产方面，美国作为玉米生产强国，全国几乎五十多个州均有涉及，但是主要集中在北部和中西部各州。

（二）法国粮食综合生产能力提升的经验

法国具有"欧洲粮仓"的美誉，其粮食的产量和出口量都位居欧洲第一，是世界上的农产品出口大国。

1. 出台农业机械设备补贴政策，提升农业机械化水平

法国将农业机械化纳入经济发展规划具体章程，旨在提升粮食产量、提高劳动生产率、提升农作物经济收益，并且建立农业机械指导委员会全面统筹规划，实现了农业全面机械化。政府对农场主购买机械和配件给予20%～30%的补助，道路建设提供25%的财政补贴。例如，居马农业机械合作社是法国机械化农业合作社的代表，在其成立初期法国政府相关机构给予其15%～50%的投资补贴，在经营过程中还可以再次获取20%～40%的农机配置补贴。

2. 促进土地的规模化经营，形成粮食生产的规模化与集约化发展

促进土地的规模化经营，形成粮食生产的规模化、集约化发展。①鼓励农场主合作经营。法国为了促进耕地的有效使用，防止耕地的分散化经营，通过建立农业共同经营与发展集团，实现了农场主的合作经营和农业土地的集约化生产。为了防止农业用地不断分散，政府规定这种农业共同经营组织下的农场继承人必须是农场主的配偶或和其具有血缘关系的子女。②土地集中管理出售。《农业指导法》设立了专门的农业管理机构——农业经济委员会和新型的农业生产组织——农业生产者集团，以及专门负责耕地整合出售的土地整治和安置公司，将无法独自耕种的散户耕地进行集中统一管理出售，流转给大型农场进行规模化生产。另外，《农业指导补充法》设立了调整农业结构社会行动基金，对进行规模化生产经营的农场主进行政策性贷款和相关农业补贴。③金融支持政策。法国政府为了进一步扩大土地的集约化、规模化经营，专门出台了鼓励农场主进行大规模土地购买的优惠贷款政策，旨在引导农场建立符合发展规模和发展需要的中等型农场，提升土地规模化经营的推进步伐，扩大全国范围内耕地规模化经营范围。

3. 推行农工商一体化的粮食流通政策

在法国出台的《合作社调整法》中，对农产品的产销问题给出了有效的解决办法，法国政府鼓励农业合作社和农村的工商活动相互结合，并对粮食流通的相关领域提供了一系列优惠政策。法国粮食流通领域的农业合作社主要功能就是对粮食生产的产前和产中提供必要的生产资料，对产后的粮食进行统一收购、加工、存储、销售等，通过不断降低粮食生产的投入花费，提高粮食的产量以及相关食品的附加值，扩大农民的劳动收入。目前，法国农业流通领域的农业合作社已经具有较大的规模，赢得了较高的信誉，同时能为农场主的粮食生产经营提供品种齐全的生产资料。

（三）印度粮食综合生产能力提升的经验

目前，印度的总人口已经超过 14 亿，是世界上第一人口大国，而且其中 70% 的人口都是农业劳动者，其农业对 GDP 的占比也已经超过 20%，是一个名副其实的农业大国，并且从其独立以来，历届政府都十分重视本国的粮食生产。印度政府也出台了一系列的措施来提升粮食的综合生产能力，自 20 世纪 70 年代以来，印度已基本实现粮食的自给自足。

1. 推行土地改革政策

印度刚独立时国内的土地关系结构较为混乱，耕地使用效率极为低下，为了提升粮食产量，印度政府主张进行土地改革，提倡进行"制度战略"，旨在消除土地分配的不均现象和梳理混乱的土地关系结构，从而提升土地使用效率扩大粮食产量。印度政府发起的土地改革运动从根本上来讲是对土地所有权和分配制度的改革，从土地的所有制出发逐步对相应的土地生产关系进行改革，废除土地中间人制度，改革租佃制度，设立土地拥有最高限额。

2. 进行以农业科技水平进步为主要内容的绿色革命

通过高新科学技术带动农业技术进步，提升土地粮食生产能力。绿色革命的成功对其粮食生产的技术研发、生产资料利用率、机械化水平都有了显著的促进作用。高产品种的使用面积不断增加，粮食产量快速增长，实现农民劳动所得收入增长，从根本上解决全国人民的吃饭问题。

3. 出台一系列财政支农政策

印度出台了一系列的措施支持农业的发展。第一，改善农村生产环境，计划发展全国最落后的 100 个县的农业生产基础设施建设；第二，改善农业水利设施，出台相关政策加速农业水利设施构建，减少农民的洪涝灾害；第三，扩大惠农财政支出，改革农村信贷系统，扩大农村信贷系统的覆盖面积，着重增加对农业基础设施建设的贷款数量；第四，干预粮食价格，政府规定粮食产品的最低收购价格，出台相关的粮食市场价格补偿计划提升农民收入，保障粮食产品在合理价格区间进行交易；第五，扩大粮食补贴，主要包括对农机配件、种子、化肥、农药等进行补贴。

4. 加快农村基础设施建设

印度政府加大了对电力、交通、水利设施、农机配件等农业基础设施建设的投资力度，为农民的生产、生活不断减轻负担。部分政府部门也专门制定水资源管理分配计划，负责调度全国范围内的水利设施建设，合理规划水库、沟渠、排水设施、灌溉设施等农业基础设施，全面提升农业用水的利用率，提升农业生产的抗自然灾害能力。此外，印度政府还为农民提供便利的农产品冷藏设备，减少农产品的浪费现象和提升农产品经济效益。

5. 加大科研支持力度

印度对农业科技的投入在加入世贸组织（WTO）之前就达到了 GDP 的 0.9%，和发达国家的科研支出水平基本持平。印度出台的每一个五年计划，对农业的科研支出都占到所有科研经费的 20% 以上。在加入 WTO 之后，印度政府更是加大了对农业科研技术的重视程度，不断加大对农业高校、科研机构、生物技术等更加复杂、更加高级领域的科研支持。同时，积极引导信息化技术、电子商务等高新技术与传统农业生产相结合。目前，印度政府正试图构建集科研、推广、教育于一体的多方位农业科研生产体系，以便最大限度促进农业科学技术的成果转化、农业技术创新。

6. 提供金融信贷支持

印度出台了一系列措施从金融信贷支持等入手促进粮食综合生产能力的提升，为农民获得资金支持提供包括利率优惠、贷款补贴、政府担保贷款等在内的最大便利。印度政府规定商业银行在对农民进行贷款时要有别于工业贷款，实行差别利率，其中国有银行对农村信贷特别是农村的一些弱势群体的贷款利率要做出最大限度的优惠，同时这类优惠贷款在所有贷款的占比要高于 1%。除了贷款利率优惠外，对于农民贷款还有现金补贴等政策，在农民贷款发放时，根据贷款的资质不同政府给予不同比例的现金补贴，小农场主给予 25% 的现金补贴，农业工人为 33%。同时，印度国家银行为了支持农业发展，鼓励农民开垦荒地、优化粮食流通体系、完善粮食生产基础设施、提升粮食产品的二次加工能力、仓储运输能力等，为农业生产提供了 5 000 亿卢比的贷款。此外，印度政府计划享有低息贷款的农民在所有农民中的占比不低于 70%，全面促进整个粮食生产的优化升级。

（四）荷兰粮食综合生产能力提升的经验

荷兰粮食以绿色、优质享誉欧洲乃至世界，除了美国之外，荷兰是世界上第二大农产品出口国，每年的农业贸易顺差为 300 多亿美元。

1. 完善农业基础设施，打破资源约束

荷兰由于国土面积狭小，农业发展面临着光照、耕地不足的困境，约束了农业的发展。为了解决这种困境，荷兰投入大量的科研经费，发展先进的玻璃温室技术，率先搭建了世界领先的温室培育粮食生产体系。其温室农业占整个世界温室面积的 1/4，面积达 1.1 万公顷。玻璃温室具有透光率高、结构轻便牢固、抗风能力强、保温性能高等优点，大大提升了农业的经营效率。

2. 出台农业支撑政策

荷兰政府积极出台相关政策，不断加大对农业科学技术的投入，注重农民培训教育，注重科研成果的不断转化，加快农业科学技术的推广等，提升了荷兰农业的核心竞争力，促进了荷兰的农业发展。

3. 发展农业合作社

荷兰的农业合作社组织不同于其他国家的国家引导组建，而是自发组建起来的。荷兰农民自发联合起来，通过相互合作建立互惠互利的农业合作组织，采用联合采购、生产、加工、仓储、融资、销售于一体的模式，通过规模化经营降低生产、经营成本，在激烈的国际市场竞争中获取比较优势从而提高劳动收益。农业合作社组织的优势在于把单个的农户结合起来统一经营，在农业生产资料的购买、机械使用率等方面具有较大优势，能直接降低生产成本获取规模经济收益，逐步提升农民的劳动收入。此外，农业合作组织较之单个的农民具有较强市场影响力，可以获得更高的市场地位，维护自身利益。

（五）以色列粮食综合生产能力提升的经验

作为世界上的农业发展强国，以色列的粮食生产技术较为先进，其农业发展水平相对较高，2015 年以色列的 GDP 中农业产值占比达到 2%，农产品出口产值对 GDP 贡献度达 3.601 0；然而，以色列的农业劳动人口仅占全国人口的 3.6％，却为全国 95％的人口提供了必要的粮食供给。粮食生产在以色列经济中曾发挥了关键作用，这与国家出台的相关政策密不可分。

1. 采取农业补贴措施

以色列对农业的扶持首先体现在对农业的财政补贴，以色列为了促进粮食生产能力的提升，对农业的补贴水平已经居于世界领先水平，甚至一度超过了很多西方发达国家。根据 WTO 统计，以色列对农业生产的财政补贴基本维持在 2 亿美元以上。以色列对农业的财政补贴主要体现在农业的生产领域、基础设施构建等方面，主要包括粮食生产、节约用水、提高劳动效率、清洁能源、提升资源利用率、预防自然灾害、科研经费、农业保险以及节能增效等。

2. 开展耕地使用管理

对耕地的保护措施主要是通过立法形式开展的。第一，严格规范土地审批程序。政府在进行土地开发的过程中注重农业耕地保护措施，不无端占用农业用地，所有的土地审批项目都经过国土资源部进行审批。第二，政府规定农业耕地只能用来出租而不能用来交易，出租年限从 49 年到 99 年不等，同时相关部门要对出租土地进行评测，根据其所处位置和生产能力进行评级，收取差别化租金并每三年评估一次。第三，联合管理监督。以色列政府为强化土地管理，农业部、卫生部、环境部等多个部门进行联合管理，全程监控农业用地的使用和农业生产的质量，切实保证农产品的绿色化、农业废料处理的规范化。

3. 大力发展农业灌溉技术

为了实现农业资源的节约和高效利用，以色列大力发展节水技术、沙漠温室技术、发展节水农业、节水灌溉技术、废水回收利用技术、微咸水改造技术等一系列先进用水技术，促进节水农业的发展，从根源上控制农业用水总量，减少水资源的浪费。

4. 采取关税保护措施

以色列的关税保护措施是采取较高的关税税率来保证国内的农业发展，其平均关税税率为 22.4％，其中非农业产品占比为 10.8％，农业产品占比为 76.6％。另外，以色列对进口的农产品采用差别税率政策，关税超过 100％的种类占所有农业产品种类的 33.5％。

二、国内粮食综合生产能力提升的经验介绍

（一）河南省粮食综合生产能力提升的经验

自改革开放以来，河南省粮食产量逐步提升，从最初的 2 097.4 万吨迅速增长到 2021 年的 6 544.2 万吨，而且实现了粮食综合生产能力连续 17 年的不断提升，特别是近 20 年的年粮食产量均维持在 5 000 万吨以上。

1. 出台政策保障制度

河南省积极响应国家制定的促进农业发展和提升粮食生产能力的政策，以《国家粮食安全中长期规划纲要（2008—2020 年）》《全国新增 1 000 亿斤粮食生产能力规划（2009—2020 年）》《全国主体功能区规划》等为基础，结合河南省的情况，因地制宜制定了适合本省的《河南粮食生产核心区建设规划》。同时，积极发展现代化农业、促进土地流转顺利开展，从根本上提升土地生产率和农民的劳动效率，建立健全粮食生产的保障机制，不断提升粮食生产能力。第一，河南省积极响应国家政策，全面实施对耕地和水资源的管理措施。为了保护农业耕地面积和提升农业用水使用效率，河南省出台了极为严格的耕地保护制度、农业用水管理制度、农业用地动态平衡制度。第二，出台"四分开一完善""三项政策一项改革"及"放开销区、保护产区、省长负责、加强调控"等政策，深化河南省粮食生产改革。第三，自 2004 年开始河南省全面免除了农业税，并出台了"三补一减""六补一免""七补一免"等对粮食生产的补贴措施。2004—2007 年，河南省累计对农民粮食生产的各项补贴共计45.9 亿元；2008—2021 年，对粮食生产的补贴中仅粮食直补和综合补贴就已超 500 亿元，农业生产机械和配件投资补贴 50 多亿元，良种补贴过百亿元。

2. 提升科研支撑能力

在农业科技研发创新能力上，河南省一直注重资金投入，鼓励相关科研院校和农林科技公司进行技术研发，积极搭建创新平台，注重创新人才培养，不断提升农业创新能力。同时，河南省搭建了完善的县级农业科技推广技术服务平台，包括县级技术推广中心、乡镇农业技术服务中心，按照"粮食科技特派员"的方针落实科技深入基层计划，提升农民粮食种植技术和提高粮食产量。在农业科研成果转化上，河南省联合农业院校和科研机构大力推广优质、高产的小麦、玉米新品种，采用高新技术深入推广机耕深耕、种子包衣、搭配施肥、节水农业、灾害预防、废物利用等技术，并已经形成规模。

3. 构建粮食生产组织管理体系

河南省对粮食生产的组织管理体系可以从组织形式、发展规划、空间布局等方面来研究。首先，根据地方资源环境优化产业布局、推行规模化经营、优化企业管理模式、加强专业化技术推广，着重扶持本地农业粮食加工企业，提升产品附加值，鼓励组建农民合作社，提升农民合作社的合作化经营水平以及相关的市场地位。其次，为促进土地流转，河南省不断完善土地流转的各个环节，如信息采集、评估、发布等，在此基础上引入市场机制，鼓励农民通过入股、租赁、置换、转让等手段多元化使用其土地经营权，同时政府鼓励有能力的农民扩大种植规模，提供相应优惠政策，提升耕地的规模化经营水平。

4. 提升农业基础设施建设水平

当前，河南省通过对农业基础设施建设的长期投入，其农业基础设施环境、农业生产环境均得到显著改善，其生产效率得到稳步提高，并且预防自然灾害的能力也不断增强，粮食生产配套基础设施不断完善，同时也降低了干旱、洪水及气候恶化等自然灾害对粮食产量的波动性影响。

（二）山东省粮食综合生产能力提升的经验

山东省政府结合国家惠农政策因地制宜制定了一系列措施，促进农业发展，提升粮食综合生产能力。特别是自 2010 年以后，政策效果逐步显现，粮食产量先后突破 350 亿斤、400 亿斤、450 亿斤，特别是 2021 年更是突破了1 100 亿斤大关，粮食产量连续 20 余年保持稳步增长，连续 8 年突破千亿斤。

1. 加大财政投入，完善基础设施建设

自 2003 年以来，山东省连续制定了多个粮食增产计划，包括千亿斤粮食产能提升计划、中低田改造计划、重点粮食县建设、高水准农田计划、耕地保护计划等。从 2013 年开始，山东省大力发展高产农田计划，2017 年财政支出 6.84 亿元用于建设高标准农田。另外，山东省的农田灌溉计划取得了显著成效，农田的有效灌溉面积增加到 502.2 万公顷，高产农田面积达到 44.07 万公顷，旱涝保收农田高达 4 133.33 万公顷。

2. 提升农业科技水平

山东省大力发展农业科学技术，结合省内高等农业院校、科研机构、农业科技公司等共同研发创新，不断培育新品种，培育了高产、优质的小麦、玉米品种，粮食新品种研发、推广进程逐步加快。

3. 提升农业机械化水平

自 2003 年以来，山东省不断提升其农业机械化水平。到 2020 年山东省的农业机械总功率已从 2003 年的 0.44 亿千瓦增加到了 1.10 亿千瓦，增长幅度高达 150％，拖拉机的数量由 2003 年 18.85 万台增加到了 50.41 万台，联合收割机的数量也由 2003 年 6.87 万台增加到了 32.30 万台。此外，山东省基本实现了小麦、玉米机械化播种全覆盖，小麦、玉米机械化收割率均达到了 90％以上，基本上实现了全省范围内的全面农业机械化生产。

4. 加大粮食补贴力度

山东省财政厅通过"山东省财政涉农补贴一本通"直接将粮食的各种补贴下发到农民手中，并且采用一次性交付的方式，避免了中间环节的资金损失，保证了农民补贴金额完整性，提升了财政补贴透明度，增加了农民种粮热情。

（三）江苏省粮食综合生产能力提升的经验

江苏省是我国重要的粮食生产基地之一，享有"鱼米之乡"的美誉，仅用全国 3.9％的耕地面积为全国 5.9％的人口提供了粮食供给。

1. 出台惠农政策

江苏省十分注重对农民生产劳作的政策扶持，不断出台各种政策提升农民种粮的积极性，优化粮食补贴管理和发放机构，最大限度地确保粮食补贴、农业机械补贴、农业技术推广补贴、农资综合补贴、农药和化肥补贴、优良品种补贴等多项粮食补贴按时按量到位，并且一次性付清。同时，相关部门制定了粮食最低价格收购预案，保护粮食价格，对于粮食高产地区给予政策和资金奖励。在江苏省政府出台的《江苏省新增 43 亿斤粮食生产能力实施规划（2009—2020 年）》中，更是进一步明确了要促进粮食综合生产能力不断提升的要求。

2. 提升农业科研能力

江苏省高效的粮食综合生产能力离不开其先进的农业科学技术。江苏省的农业科研能力处于全国领先地位。据统计，江苏省的农业科技贡献率比全国平均水平高出 7％，并且还在不断提升。随着国家科技兴农计划的全面实施，江苏省不断加大对农业科研的扶持力度，农业科技得到了快速的发展，科研成果的转化速度明显提高。例如，加快水稻的集中化供秧、机器插秧、定量栽培技术、秸秆还田技术、高产栽培技术等转化速度，对玉米的种植提升整体的培育、播种、管理、收割、储藏、加工等环节的机械化水平。

3. 农业机械化程度较高

江苏省为实现粮食的增产丰收，不断加大农业财政支出，提升全省的农业机械化水平，农业机械数量高速增长。水稻、玉米等主要种植区域的机械化水平将近80%，粮食生产的综合机械化水平已经上升到了90%。

4. 加强农业基础设施建设

第一，完善水利骨干工程系统。江苏省对水利骨干工程的改造主要是以30万亩以上和5万～30万亩的大中型灌溉区域为核心，提升骨干水利工程配套设施的建设速度，修补破损设施，保证骨干水利设施的完整性，提升农业灌溉用水的有效性和利用率；同时，根据地方的实际情况，采取不同的防渗、低压灌溉等节水措施，强化灌溉设施的有效性，在有技术基础的区域加快节水农业的发展速度，全面提升农业用水的利用率。第二，改造灌排骨干工程的配套设施。对灌溉区域内骨干设施的配套设施进行全面检测，针对配套设施的缺失及时补充；对破旧、报废的相关设施进行维修更换；对故障频发，设备老化的水利工作站及时进行维护和更换，全面提升设备的工作效率；对水利灌溉设施进行排查，及时修补漏水沟渠。第三，建立信息化骨干水利设施管理系统，充分运用网络技术，建立现代化农业水利设施信息化管理平台。

（四）内蒙古自治区粮食综合生产能力提升的经验

内蒙古自治区的粮食综合生产能力不断提升。首先，全区的粮食产量实现了翻一番，从2000年的248.4亿斤增长到2021年的768.1亿斤，同时全区粮食对全国的粮食产量贡献度从2.7%上升到5.6%。其次，已从原来的粮食输入省转变为粮食输出省，每年向国家提供将近100亿千克的粮食产量。再次，自2001年起，内蒙古自治区人均粮食占有量已连续10多年位居国内领先地位，并早在2012年时就突破了人均1 000千克。

1. 实施中低产田改造

内蒙古自治区由于其独特的地理位置因素，以致其长期以来面临水资源相对短缺、土地肥力不足的发展劣势。粮食生产的中低产田占到了所有农田的85%，同时一半以上的耕地存在缺水现象。基于此，内蒙古自治区政府制定了"四个一千万亩"中低产田改造计划，旨在提高农田水资源匮乏的情况，大力建设中低产田基础设施，扩大农业用水灌溉有效覆盖面积，将低产、缺水的农田转化为旱涝保收、高产、优质、节水的高质量农田。

2. 开展耕地规模化经营

内蒙古自治区地处高纬度地区，地广人稀，人均可耕作面积较大，对于土地的流转确权、规模化经营十分有利，也十分适合大型机械的耕作。因此，内蒙古自治区积极推动土地流转，出台优惠措施，积极引导民间资本加入土地流转中，同时对流转的农民进行知识普及教育，为种粮大户提供优惠政策，鼓励其扩大种植面积，加快规模化粮食生产经营水平。

3. 加速农业科技推广

加速农业科技推广，强化农业科技的支撑作用。内蒙古自治区鼓励农业科技成果转化和发展，采取积极有效的措施促进农业现代化的进程，对农民加强科学技术的推广应用，加大病虫害防治力度，鼓励应用高新技术，提升粮食生产的抗风险能力，从而不断提升粮食产量。

4. 建立健全粮食补偿机制

内蒙古自治区的粮食产量相对集中，并且将近一半以上的粮食产量都集中在几个国家级贫困县和自治区级贫困县，据统计，内蒙古自治区排名前 10 名的产粮大县中贫困县占 7 个。因此，内蒙古自治区建立了产粮大县利益补偿机制，用来补偿粮食产量较高的贫困县。

5. 加快发展粮食加工产业

内蒙古自治区积极鼓励农产品加工业发展，重点扶持行业内的龙头企业，拓展粮食产业全链条，提升粮食产品附加值，提高粮食生产经济收益，逐步从粮食输出大区转变为农产品输出大省。

（五）新疆维吾尔自治区粮食综合生产能力提升的经验

自 20 世纪 60 年代以来，新疆维吾尔自治区就大力发展农业，改善粮食生产状况，并且已取得了巨大的成就，当前新疆维吾尔自治区已成为我国重要的粮食生产基地，粮食产业已成为新疆维吾尔自治区区域经济发展的重要驱动力之一。

1. 优化粮食生产布局

优化粮食生产布局，提高规模经营水平。新疆维吾尔自治区地处边陲，地广人稀，十分有利于粮食生产的规模化经营，在政府的积极引导下新疆维吾尔自治区粮食规模化生产已具有一定的规模。春小麦在北疆、南疆的几大粮食主产区的种植面积已达到 74.65 万公顷，已占到其所有春小麦种植面积的 77.75％。冬小麦伊犁、昌吉、阿克苏等几大粮食主产区播种面积共计

120.18万公顷，已占到其所有冬小麦播种面积的96.93％。此外，自治区政府还积极鼓励农业公司、大型农场、种粮大户进行规模化粮食生产，积极推进土地流转进度，构建集生产、加工、流通、储藏、销售纵向一体化的粮食加工产业，走产业化经营路线。首先，加大对农民技能培训力度，加快农业科技推广速度，加速农村富余劳动力城镇化转移；其次，鼓励转移的农民对自有的耕地进行流转经营，农民通过入股参股的形式取得利润分红，倡导土地大规模经营。

2. 注重农业生态系统发展

注重农业生态系统发展，实现农业可持续发展。第一，通过法律手段惩治非法圈地、毁坏耕地、土地滥用等现象。第二，加大对粮食生产生态环境的保护力度，对沙漠化、水土流失、盐碱地、环境污染等生态问题积极治理，循序渐进推进退耕还林政策，逐步遏制土地沙漠化和水土流失等问题。第三，扩大对粮食生产的基础设施的投入，不断完善农田灌溉水利设施。

3. 积极为粮食生产提供充足资金保障

扩展融资渠道，为粮食生产提供充足资金保障。首先，自治区政府不断加大对粮食生产技术的研发、培训、推广以及成果转化的资金投入，全面提升粮食生产的专业化水平；其次，政策性银行和商业银行对粮食生产的贷款给予优惠政策，同时鼓励民营资本积极进入粮食生产领域，并提供政策优惠和税收优惠。

4. 提升农业科技支撑能力

积极提升农业科技支撑能力，不断加大财政支出，鼓励农业科学技术的发展，鼓励农林院校和科研机构进行技术创新、新品种培育、节水农业的研发。同时，设置专门管理机构对科研成果转化、农业科技推广进行统一管理。

5. 积极实施粮食补贴改革

近年，自治区政府结合国家政策制定了"三项补贴"的改革计划，取消原有的种粮直补、综合补贴、良种补贴三项补贴措施，设立新的农业支持保护补贴。具体内容为：第一，将原来农资综合补贴剩余资金的80％同粮食直补、良种补贴共同用于粮食生产的耕地保护计划，维护粮食生产的生态环境；第二，剩余的农资综合补贴加上原有对种粮大户的现金补贴和新增的补贴资金，共同用于鼓励粮食生产的规模化经营；第三，改革农业金融体系，对农民合作社、大型农场、种粮大户以及粮食加工企业采取信贷担保的优惠政策。

第二节　国内外农业基础设施建设的经验介绍

一、国外农业基础设施建设实践及经验

（一）美国的建设实践

美国是典型的城乡一体化的国家，农村的环境和生产条件与城市没有太大差距，这与美国四通八达的公路网及完善的农业电力设施等密切相关。

1. 美国乡村公路建设实践

2000 年美国的乡村公路达到 300 多万千米，发达的交通缩短了乡村和城市的距离，并且影响了美国农产品的销售形式。美国 80％以上的农产品采取产地直销的模式，正是得益于便利的交通运输条件。美国政府在乡村公路建设中发挥了领导作用，地方政府是公路建设投资的主体，通过财政拨款和征收公路税筹措资金。联邦政府设立了专门的公路主管部门，对全国的公路实行统一监管，各州的交通运输管理部门负责本州区域内公路的建设、维护和管理。

美国的乡村公路建设是建立在政府财政资金雄厚的基础上，对于财政资金并不充裕的发展中国家而言，这种模式不具备可推广性，而韩国"新村运动"则提供了一种利用有限的资金加强农村公路建设的途径。20 世纪七八十年代，韩国为改变农村的落后面貌，改善农民生活条件和农业生产环境，发起了"新村运动"，而兴建和改造农村公路则是"新村运动"的重点内容。资金主要来源于政府拨款和农民集资，由于当时美国政府财力有限，政府投资农村公路建设项目多采用实物和技术支持形式，提供钢筋、水泥、石材等原料，每个农户约能获得 35 美元的物资补助。从绝对数额来看，韩国政府的补贴不是很多，但却取得了很好的效果。因为这些资金全部都用于农村公路建设，使农民获得了实在的好处，激发了农民参与建设的积极性，并且吸引了社会资金，使实际投入的资金额远远超过政府拨款。同时，政府还为包括农村公路在内的农村基础设施建设提供低息贷款，并安排技术人员进行技术支持。1971—1975 年，韩国共兴修农村公路 61～717 千米，村级公路基本覆盖了全国。

2. 美国农业电力设施建设实践

美国拥有世界上电气化程度最高的农村电力设施，1935 年美国政府就启动农村电气化项目，旨在改善农村地区电力供应严重不足的问题，在农村广泛建

立由农户联合组建的电力合作社，依靠农民的集体力量加快提升农村电气化水平。农村电力合作社是一定区域内的农民自愿组成的民间组织，共同参与本地区的农村电力设施建设和维护。农民缴纳很少的会费就可以加入农村电力合作社，成为合作社的股东。合作社在管理上采用现代股份制企业制度，由成员推选代表组成董事会，作为合作社的最高领导机关，制定合作社规章、批准使用资金，成员对合作社的经营和人员任免拥有投票权。合作社的利润除购置设备、偿还贷款、日常维护外，还有一部分作为流动资金，其余资金则按投资比例返还给成员。如今农村电力合作社的供电线路已占全美供电线路的 1/2，已为超过 2 500 万农户提供了服务。

美国政府在农村电力合作社的组建和运行中发挥了引导作用。首先，政府为农村电力合作社提供法律和政策支持，在 1933 年出台的《田纳西流域管理法》中就明确规定，政府有责任为农村电力合作社提供资金，对合作社的营业收入免征所得税。1936 年又颁布《农村电气化法》，规定政府对农村电价实行补贴，使农村电价低于城市。其次，美国建立了完善的农村电力供应及管理系统，农业部下属的农村电气化管理局是最高的政府管理机构，为农村电力合作社提供直接贷款或作为担保者向银行借贷，各州政府也有相应的农村电力合作社管理局，对农村电价进行监管，批准农村电力建设项目，并限制私人电力企业进入农村电力市场。美国农村电力合作协会（NRECA）统一领导全国 1 000多个电力合作社，在全国 46 个州拥有分支机构，是具有重要影响力的非政府组织，为成员提供技术支持、培训、保险等服务。

3. 美国农业信息化及机械化建设实践

美国拥有很高的农业信息化和农业机械化水平。21 世纪以来，美国不断将大数据技术、物联网技术、空间 GIS（地理信息系统）技术和人工智能技术应用到农业领域，通过政府主导的信息化平台，为农业企业、农业生产者提供及时、准确的农业信息，促进农业生产者进行精准作业和高效生产管理。当前，美国拥有世界最高水平的农业信息化，不仅农业信息化设施比较完备，而且组织化程度、服务质量和管理水平均居于世界首位。

相关研究文献表明，现代农业重要标志是农业机械化水平，同时也是智慧农业发展的重要物资载体。20 世纪 40 年代，美国农业基本上实现机械化，20 世纪 70 年代后期，美国农业生产跨入综合机械化时期。随着农业机械化程度不断提高，先进科学技术应用到规模化农业经营过程中，提高农业机械自动化和智能化水平。如美国将全球定位系统安装在联合收割机、播种机等农业机械上，实施准确定位、精准播种和精确施肥作业，并且形成大量不同数据，为农业生产提供较好的数据服务。

4. 美国农业灌溉设施建设实践

早在 20 世纪 80 年代，美国雨鸟、摩托罗拉等几家公司就合作开发了智能中央计算机灌溉控制系统，开始将计算机应用于温室控制和管理，此后温室计算机控制及管理技术便先是在发达国家得到广泛应用，后来各发展中国家也纷纷引进、开发出适合自己的系统。20 世纪 90 年代，美国开发的温室计算机控制与管理系统可以根据温室作物的特点和要求，对温室内光照、温度、水、气、肥等诸多因子进行自动调控，还可利用差温管理技术实现对花卉、果蔬等产品的开花和成熟期进行控制，以满足生产和市场的需要。目前，美国已将全球定位系统、电脑和遥感遥测等高新技术应用于温室生产，有 82％的温室使用计算机进行控制，有 67％的农户使用计算机，其中 27％的农户还运用了网络技术。

（二）日本的建设实践

日本与我国相邻，其地理位置和自然气候条件和我国也比较接近，其在农业基础设施建设和融资方面的经验及措施也非常值得我国借鉴。

1. 日本农业基础设施信息化建设

日本政府依据国情，选择了发展实用性农业信息化之路，取得了突出成绩。具体做法如下：首先，重视农业信息化体系建设。为了顺利发展农业信息化，日本政府制定发展政策、管理制度和运行规则，规范各方行为。实行各级政府投资和专业公司投标承建的办法落实各项政策，推进实施各项规划。历届日本政府重视农业信息网络建设，20 世纪 90 年代初日本将政府相关部门、全国农业科研机构、各种数据库、消费者、农协和农户全部联网，快速地推进了农业信息网络建设。另外，还重视传统农业信息技术的充实和改造以适应农业信息化发展。2010 年之后又制定了"智能云战略"等一系列发展计划，借助云服务实现了全国信息和知识的集成与共享。其次，注重发展实用性农业信息技术。日本根据国情特别注重实用信息技术的发展和应用，大力推行农业"数字革命"，发展智能农业。2004 年日本总务省推出 U-Japan 计划以来，就逐渐构建了新的信息社会基本技术标准，并建立了全国性农业信息服务网络，实现了生产数据和消费数据向农户的及时发送。同时也实现了大型无人驾驶农业机具和微型机器人在农业生产中的广泛推广，并弥补了其农业劳动力缺乏的不足。当前，日本的物联网、云计算、人工智能、大数据等现代信息技术已经渗透到了人们生活的方方面面，也给农业经营带来了极大便利。

2. 日本农业基础设施完善的融资体系

日本在农业基础设施建设方面，政府给予了大量的资金支持，除了财政直接投资外，日本也建立了包含财政直接投资、信贷、税收优惠等完善的融资体系，引导和鼓励更多的投资主体参与农业基础设施建设。

首先，在日本，大型的农业基础设施完全由中央和地方政府投资兴建，中小型农业基础设施建设一旦通过审批，中央财政就会承担50%的资金，都道府县和市町村财政分别承担25%、15%，农民仅需承担10%。日本政府还对购置农业机械、建造农用设施等提供补贴且50%的资金由中央财政提供，25%由都道府县财政提供，其余25%还可以向银行申请低息贷款。此外，依托农业的政策性金融部门来支付信贷资金。日本政府在支持农业的发展方面，建立了一个农业的政策性的金融组织系统，这个系统是以农林金融公库作为核心的，该系统每年都会为农业的基础设施的建设进行政策性的贷款的支持。特别是1958年之后就由农林金融公库直接发放信贷资金，并进而经过农业协会给借贷人进行转贷。通常，农林金融公库在农业基础设施建设方面的贷款利率往往是比较低的，只有3.5%～8.2%的年利率，而且融资的偿还期限也比较长，一般是10～45年。

（三）尼泊尔的建设实践

尼泊尔在农业基础设施建设上最突出的地方当数其农业灌溉设施的完善。

1. 尼泊尔首都加德满都的气候特点

尼泊尔首都加德满都是比较典型的季风气候，所以全年的降水量不平均，这一气候特点非常不利于农作物的生长，然而因人口增长及温饱问题日趋严峻，所以该地区的粮食产量提升迫在眉睫，而尼泊尔的农业机械化程度相对不高，机械生产能力和智能化技术欠发达，甚至没有大型的灌溉设备，超过70%的农田灌溉设施都是由当地村民组织管理。并且因经济条件十分有限，当地的粮食很大一部分是通过财政补贴从其他地区购买来的，从而加重了当地的财政负担。

2. 加德满都完善的农田灌溉设施

在充分研究考察了加德满都的情况后，在当地政府的引导下，该地区的村民组织设立了一个主渠委员会，下设多个支渠委员会，并且每个层次设有不同职能的委员并设有一个主席。这种村民组织的自发管理农田灌溉设施具有很强的群众基础，并且村民的积极性十分高涨，同时村民获得了较大的自主权，农民直接参与制定用水计划，使得村民可以第一时间掌控水资源及设施使用安排情况，既调节了农村用水制度，也有利于村民合理地安排农业生产。

原来，因长时间由政府财政补贴购买其他地区粮食维持生活，所以当时很多村民都有一定的惰性，失去了自主解决耕种问题的意识，多数村民认为自然因素导致的耕种灌溉困难是无法逆转的，由财政支持勉强维持粮食问题是他们唯一的依靠，这种理念对于当地农业及经济发展是十分不利的，很多的水利工程在建设施工过程中有时甚至受到了当地村民的反对与干扰。

政府一开始是采用强制手段实施，但是效果十分不理想，重要原因是村民根本没有感受到水利建设的重要性，认为自然因素是无法抗拒的，但是当他们切身参与到用水计划制定和水利设备建设及分配计划制定后，对于改善本村灌溉情况有了更详细的认知，也重拾了信心。当地财政部门就此情况下制定了一系列奖励措施并且大力宣传普及农田灌溉的优势，用当地村民耕种所得收获和节省的财政投入中的一部分作为奖励发放到村民手中，这样使得村民的积极性十分高涨，这种做法使得我国一些机械化程度较低、自然气候相对恶劣的地区改善灌溉现状及水利设施建设工程的实施来借鉴和参考。

（四）英国的建设实践

农业基础设施对扩大农业生产、促进农民增收、加快农村现代化和实现农村富裕，具有十分重要的意义。但由于农业基础设施投资金额大、资金回收慢、经济效益低，单靠农民自身投入显然远远不够，而且绝大多数农业基础设施属于公共产品，很难吸引企业等市场经济主体投资。当今世界各国政府都在农业基础设施建设中扮演着主导角色，英国更是通过政府投资及引导社会资本的投入，通过对农业信息基础设施的普惠带动模式的发展取得了一定的成绩。

1. 信息基础设施普惠带动模式的发展

英国作为老牌工业强国，依托其强大的工业化实力，早在 20 世纪 30 年代就开始了全面的信息化基础设施建设，并在农业生产、加工领域普及了信息装备和技术，大大提高了农业生产效率。随着耕地面积的减少、单个农场规模的增大和农业劳动人口的下降，英国对农业信息技术应用的需求也越来越高。英国政府高度重视城乡信息化同步发展，通过政策引导、资金支持等方式推进农业农村信息化基础设施建设。目前，英国已经有 88％ 的家庭拥有计算机，100％农场拥有电脑，基本可以连接互联网，超过 70％ 的农民通过运用互联网来获得收益，50％以上的农场采用一种或若干种精准农业耕作方法。同时，自 2018 年以来英国已为农业科技投入上亿英镑，加强了人工智能、机器人技术和对地观测技术等在农业领域的应用与研究，提高了农业、食品领域的供应链适应能力，并确保了农业的未来发展。此外，目前英国也正在进行 5G 农村综合试验台（5G rural integrated testbed，简称5GRT）项目，在一系列农村应用中创新试用了 5G 技术，例如乡村旅游（利用 5G 增强现实技术）、精准农业（利用农业无人机和机器学习技术，帮助农民及时了解牲畜或庄稼生长状况）、无人机（使用 5G 网络，使无人驾驶飞机控制系统获取更好的网络和视野）以及农村宽带（向网络条件较差的偏远农村地区提供 30 兆比特/秒宽带服务）。英国农业信息化已呈现出了起步早、城乡信息化基础设施发展持续且均衡、农业信息技术装备普及率高的新特点。

2. 现代化温室系统的实施与完善

英国的智能温室系统是计算机控制与管理在温室中的成功应用。现代化温室是英国设施农业智能化的主要表现形式。这种温室可以自动控制室内的温度、湿度、灌溉、通风、二氧化碳浓度和光照，每平方米温室一季可产 30～50 千克番茄或 40 千克黄瓜，或 180 枝左右月季花，相当于露地栽培产量 10 倍以上。当前现代化温室发展的主要问题是能源消耗大、成本高，因此其发展趋向重点是研究节能措施，如室内采用保温帘、双层玻璃、多层覆盖和利用太阳能等技术措施。并且，当前也开始了把温室建在适于喜温作物生长的温暖地区、以减少能源消耗的试验，该模式依托电脑自动调温、调湿、调气、调光的温室，用于鸡、鱼等家禽和水产动物的养殖。设施农业智能化也实现了畜牧业生产的自动化和标准化，奶牛饲养、挤奶，牛奶的罐装、冷藏及圈养时的喂料、喂水、清圈等过程自动控制；而且该技术在畜禽饲养实现计算机化也已相当普遍，正向畜禽生产管理自动化发展，例如管理猪生产的计算机系统中存储着分娩、死亡、生长、出售、食物比例和管理过程中所需的各种数据和信息，它可以分析、预测猪的销售、交配、产仔母猪所需饲料、猪种退化以及最佳良种替代等。

二、国内农业基础设施建设实践及经验

（一）山东省临沂市费县小型农田水利建设政策及措施

对比较小型的农业水利设施制定了相关的政策，这些政策都和当地农村的小型灌溉设施在民间的供给情况的证实研究分不开的，一些的案例研究有助于我国对小型的农业水利设施在民间供给实践的可行性研究。这些研究对本书得到非常重要的启示，而且有非常重要的研究价值。下面着重以山东省临沂市费县的相关实证研究为例对农户自主供给模式和农户合作供给模式作分析总结。

1. 发展背景

山东是农业大省，在农业水利体系的变革方面是国内起步较早的，而临沂市费县大田庄乡黄土庄村则是这方面的典型案例。经过改革开放，我国农田的水利基础设施建设逐渐从政府主导转移到村民自愿和政府供给并存。农民的自主经营权不断增强，而集体经济在功能上也逐步减弱，这时的政府就不能像以前的人民公社的时候进行比较强制性的农田水利的基本建设，而要用市场经济的方法，使用经济手段进行调节，还要征求村民们的意见来对农田水利基本建设的资金进行筹集和使用。

2. 具体实施条件及措施

临沂市费县大田庄乡黄土庄村，坐落在沂蒙山的深山里面，可耕种的土地有 2 600 多亩，是一个非常典型的山地村庄，差不多所有耕地都要通过灌溉才能使作物正常生长。从 1993 年起，该村在农田的灌溉方面在管理制度上做了一系列的创新改革，该村通过公开竞标的方法，把原来集体进行修建的池塘和拱坝及其他的小型水利设施共 16 座的管理和使用权进行了竞标和拍卖，拍卖后村民可以对这些设施自主经营。这些村民为了让这些设施可以更好地发挥它们的功效，对这些水利设施加大投入，对这些设施不断进行加固、维修并添加配套的设备和服务。为了赢得农户的信赖和使用率，他们主动提高了灌溉质量和效率，使水利设施的价值最大化。通过这样的举措，该村把产业化的经营机制融入农田的水利基本建设，得到了非常显著的效果，同样也获得了农民的肯定和支持，不但使农作物的产量提高了，而且村民的收入也有了显著的提高。1996 年起不到一年的时间里，该村由民间承办的水利设施建设 410 多处，投资金额 120 多万元，农田的灌溉面积增加了 1 万多亩。2001 年，该村在巩固管理制度改革成果的同时，又进一步建立了联合投资、联合管理、联合所有

的"三联农村水利合作社"，从而基本满足了全村的饮水和农业生产用水需求，并在邻村进行推广，取得了显著的成果。该村年末计算分红时，将水利项目折算成一定数量的股份，其中村集体占 30％左右，其余股份按照出资、出工、出料等折合给个人持股，除去为保证持续发展所需的基金外，其余都按比例分红。

3. 实施成果

放开自主权的举措，使对水利设施的保护和保养有了保障，政府的监管成本降低，克服了政府监管和监督不全面的问题。对所有权的改革，充分调动了村民建设积极性，延长了水利设施的使用寿命，同时也增加了村民收入和就业机会，减轻了当地政府的财政负担。统计数据显示，费县在 5 年的时间里，一共扩大和改善了可灌溉面积达 540 多万亩，政府相对减少了财政支出超过1 000 万元，村民人均收入也有了明显改善，成效十分显著。山东省的水利厅下发通知，将该县成果及经验推广到全省，这项改革唤醒了农户管理好、使用好农田水利设施的积极性，给其他地区和省份的农田水利工程建设提供了极其重要的借鉴和启示。

(二) 河南省安阳市安阳县农田水利建设融资案例

河南省安阳市安阳县是我国第二批小型农田水利建设重点县，该县采取政府引导、企业参与、多方融资、群众筹集等多种方式，努力拓宽资金筹措渠道，加快建设步伐。县政府还借助政府、民间和个人相结合，多元化筹措资金等方法为水利建设吸取资金，共同建设。该县在上级主管部门的支持和指导下总结出了三种筹资方式，这三种筹资方式在实施过程中均取得了良好的效果，也得到了当地农民的支持与认可，值得其他地方借鉴和参考。

1. 受益者共同出资

这种方法必须是在自愿的基础上，对于那些农民自己可以兴办的工程，就放手让农民自己大胆去做，政府给予技术上的支持，特派技术人员参与村民委员会讨论并充分发挥专业性作用，给村民提出一些合理化建议，并按照不同村落的自然条件及村民的出资能力，提出适合本村的水利设施建设安排及村民的投资规划，形成意见后，交付村民代表大会或者村民大会形成决策，然后由村民代表进行筹资。资金募集起来之后，由村民代表大会进行商讨并将预算上报政府部门，政府部门给予一定政策性支持并投入资金补助。兴建过程中，村民代表大会可以定时将工程建设进度及建造情况公开，让投资的村民能实时掌握情况，保证了信息的对称性及政府的监管作用，充分落实了"合理""公开"两大实施原则。

2. "大户" 合资

对于那些建设的工程规模较大、村民筹措资金比较困难的项目，仍然是在自愿的基础上，鼓励那些想投资和有投资能力的"大户"进行联合，一块筹措资金用于小型水利工程建设。这些"大户"多以村集体为主，这些"大户"加入水利建设中，对于村民具有十分重要的导向作用，不仅可以提高村民的积极性，而且也有效消除了一些村民的"顾虑"。这些"大户"的投资首先在资金量上相对于散户具有绝对优势，并且在筹资过程中也相对容易统计，实施起来工作量要明显小于村民直接投资。

3. 招商引资

针对依靠当地村民无法开展的水利工程，必须通过规模较大的企业承办，但是如何吸引这些企业参与水利资源建设成为关键。针对这一问题，当地县政府大胆做出提案，并由经上级政府部门审议通过：按照投入资金的建设者对水利设施的所有权要长期不变，而且还要允许其继承与转让的原则，让投资于水利建设的人有钱可赚。这一政策的提出立刻吸引了大批非常有实力的企业参与水利工程建设，甚至多家大型企业联手承办水利项目建设工作，再加上各级政府提供的优惠政策，吸引了一些企业对项目建设投入。通过招商引资不仅可以解决财政资金短缺等问题，还能将市场竞争的杠杆作用发挥出来，提高水利设施建设的质效。大型水利建设拉动了安阳县的内需并提供了大量的就业机会，对安阳县的积极影响不仅仅限于水利工程完成后带来的便利，对该村经济的拉动作用也十分显著。

第三节 国内外农业基础设施建设的经验启迪

通过对国内外农业基础设施建设案例的综合分析，结合我国在农业基础设施建设中的具体情况，新时期将我国农业基础设施建设成供给总量充足、农业机械设备自动化和智能化、农业信息化水平发达、灌溉设施完善、交通运输体系健全的智慧农业体系，对于促进我国农业高质量发展、提升农产品产业链和保障农产品安全，具有重要意义。

一、借鉴国内外经验加强基础设施建设，促进设施提档升级

（一）政府应制定完善农业基础设施建设的战略计划

基础设施建设是发展智慧农业的必要前提。政府部门可以对农业基础建设制定战略计划，并通过分阶段、分区域等来实施农业基础建设。对于重大农业基础建设项目，政府应加大投资力度，并通过高效的金融手段来撬动更多社会资金投入项目建设中，以综合手段降低财政资金使用风险。对于损毁的农业设施和水利工程，政府要及时修复，保证其能够发挥正常功能。对于现有的农业基础设施，相关利益部门要采取合理方法管理好、运营好。

（二）应提升智能设施的推广力度与补偿机制

促进我国农业机械设备提档升级，要从农业机械研究、农业机械相关技术引进、农业机械技术推广等方面考虑。首先，应建立完整的农业机械研究体系，合理使用科研基金，提高科研产出率和转化率；其次，应根据我国智慧农业发展对农业机械质量要求，适时地引进国外先进农业机械，缩短我国农业机械提档升级的时间；再次，应增大智能农业机械推广力度，积极提升智慧农业的使用力度与效率。政府可以制定智慧农业机械设备软件补贴清单，采取农业补贴方式鼓励从事农业相关主体购买和更新农业机械，促使农业新科技设备得到广泛的应用。

（三）应合理分配农业基础设施的使用与维护

同时，也应合理分配农业基础设施的使用与维护。农业基础设施建设成果想要持久保持住，对于基础设施的维护和可持续性发展是必要条件，但是如果只依靠政府监管部门进行监管和维护，一般很难达到预期效果，水利设施建成以后使用寿命得不到保证。所以当所有制改革以后，村民自然会主动维护和完善水利设施，因为这关系到了个人的直接利益。

二、借鉴国内外经验健全基础设施融资机制，提升融资效率

融资难一直是制约我国农业基础设施建设的最大难题，河南省安阳市安阳县的成功案例表明，发挥财政支出外的融资机制对于基础设施的建设有着重要的意义，通过"个人—集体—企业"这种融资模式，充分利用社会资源及市场资源，给农业基础设施建设注入"有活力"的资金。改革开放以来，我国进行

了大量的农业基础设施建设，基本上满足了农业发展之需，已经初步形成了覆盖主要农业生产区域的农业基础设施网络，尤其是在农田水利建设、农村交通道路及农业技术推广等方面进行了大量的政府投资，改善了农业生产条件，提高了农业生产力，但是无论是在布局、数量、规模或效益上还远远不能满足现代农业发展的要求。

（一）应逐渐加大政府财政的投入力度

农业基础设施融资渠道主要还是来自政府的财政投入，我国应该借鉴上述国家的做法，增加农业基础设施建设的投资，提高农业基础设施建设投资的比例，尤其是将大中型的农业基础设施建设纳入国家财政投资的范围，中央财政及地方财政应该将大中型农业基础设施建设纳入年度财政预算之中，建立一个稳定的长期性的投资渠道，着重投资的公益效应。在农业税费改革之前，我国财政对大中型农业基础设施建设的投入速度跟不上其自身的增长速度，税费改革之后，这个问题更加突出，有的地方财政困难，对农业基础设施建设的投入更是跟不上。所以要明确中央、省、县、乡四级财政在农业基础设施建设上的资金分担比例及权责划分，尤其是注重中央财政的直接投入。

（二）应构建效果显著的政策性信贷体系

构建效果显著整体性强的政策性信贷体系。如果想要村民或企业直接参与到农业基础设施建设中，投资或者入股是最直接的方式，但是资金缺乏是所面临的最大问题，日本和韩国在农业建设融资方面起步早于我国，并且农业经济比较领先。日本和韩国都是利用农业的政策性的金融机构为农业的基础设施的建设筹措了大量的信贷资金，打破了因为资金短缺对农业的基础设施建设的制约，有力地推动了农业的基础设施建设进程。从我国目前实际情况来看，农业发展银行作为唯一一个农业政策性金融机构，并没有有效地提供足够的政策性信贷资金，所以这一状况需要尽快得到改善。目前，我国农业基础设施建设的贷款基本上来自农业银行、农村商业银行及邮政储蓄银行等机构提供的商业贷款，而商业贷款却由于贷款的高利率、审批程序的复杂性等原因，难以有效满足我国目前农业基础设施建设的实际需要。所以，借鉴国内外农业基础设施建设领域的融资经验，重构我国农业政策性金融体系，拓宽农业基础设施建设的融资渠道是非常必要的。

（三）应积极促进农业基础设施融资进入法治化轨道

应积极促进农业基础设施融资的法制化建设，加强立法，使农业基础设施融资进入法治化轨道。税费改革之后，我国农村及农业的发展进入了转型时期，农业基础设施的建设需求日益增加，农业规模化模式日益突出，农业基础设施的投资周期在拉长。为了适应新形势发展的需要，我国应该尽快制定并完善"农业投资法"等各项法律法规，通过加强制度建设保证政府财政投资、政策信贷资金与社会资本进入农业基础设施投资领域，保障农业的持续健康发展。

第四节 国内外农业基础设施促进粮食增产的经验启迪

应积极借鉴国内外先进经验，从可持续发展角度出发、从实际出发，统筹城乡，因地制宜地制定适合各地区发展的农业基础设施建设总体规划，并加速农业基础设施建设的步伐，使我国的农业现代化取得进一步发展，早日实现有中国特色的农业现代化。

一、应增加农业基础设施投入以提升粮食综合生产能力

粮食生产的投入要素包括劳动力、资本、土地、基础设施及技术等，但是每一种生产要素的投入产出弹性系数不太一样，在粮食生产要素的产出弹性中土地最大，资本其次，劳动力最小，但是增加土地供给基本不可实现，劳动力要素短期内也无法改变，但从完善基础设施视角来进行粮食综合生产能力和潜力挖掘是可行的，也是必要的。因此，应不断加强农业基础设施的建设，提升农业机械化水平，完善农田水利基础设施建设（如构建特大型灌排体系、强化灌区排涝设施能力、积极推进"五小水利"工程建设），提高农田电网供输能力，大力推进高标准化农田建设（整治田块、拓宽路网、植造农田林网）。同时，从优化生产资料配置比例入手，在进行粮食生产时合理控制投入要素之间的比例，扩大高弹性要素投入比例、控制低弹性要素投入比例，优化生产要素资源配置。

（一）应提升农业机械化水平以提高粮食生产效率

学习美国、日本等发达国家的粮食生产经验，依托科学技术的发展与应用，提升农业的机械化程度，提高农业耕种的机械化水平，对于提高农业生产效率、提高粮食产量具有显著的正向作用，有助于逐步改变原有粮食生产的粗

放型发展模式，形成科技支农、智慧农业的发展路线。促进技术进步，对于我国粮食生产领域积极探索数字技术与传统农业生产有机结合，加快科研成果转化速度、加大科学技术推广力度，提升农业的机械化水平，发展现代化粮食生产具有重要借鉴意义与启发。

（二）应完善农田水利基础设施建设以扩大农田灌溉面积

学习尼泊尔等国家提升农田水利设施建设水平以增加农田灌溉覆盖面的发展经验，积极完善我国农田水利设施建设体系，构建特大型灌排体系，强化灌区排涝设施能力，积极推进"五小水利"工程建设，改造干旱、低产农田，提升水浇田比例，积极完善农田水利基础设施建设，进而增加农田有效灌溉面积，促进粮食综合生产能力提升，进而提高粮食产量。

（三）应提高农业基础设施的信息化水平以提高粮食生产科技化程度

信息技术可以优化农业要素配置信息技术从而优化农业生产中土地、劳动力、资本、技术以及管理等要素配置。过去，由于农村地区信息闭塞，农民往往只进行简单的粮食生产经营工作，不能及时获取最新的耕种技术，种植方式存在单一且不科学的问题，加之生产经营规模小而分散，在极大程度上抑制了粮食增产。现阶段，随着信息技术的发展，农民逐渐与外界沟通，一部分擅长粮食生产的农民掌握了有关农业生产的新技术，有利于提高粮食生产效率；而一部分不擅长粮食生产的农民非农就业转移，为擅长粮食生产的农民规模经营创造条件，进而促进农户实现粮食增产。同时，信息技术可以为农业生产活动提供准确的科技信息，不断提高农业机械化水平。具体来说，信息技术可以加大对农业机械的开发，提高农业机械制造水平，通过农业信息采集、农机作业导航等提高农机作业效率。农业机械化水平的提高有利于农民实现粮食增产，一方面，使用农机种植可以增强土地肥力，提高种植效果，节约施肥成本；另一方面，应用农业机械化技术可以促进粮食的生长，增强粮食抵御风险的能力。

二、应完善农业基础设施运行机制以提升粮食增产效应

（一）应完善农业基础设施投资体系以提高粮食增产能力

应积极借鉴国内外经验，立足国内粮食农业基础设施建设实际情况，完善健全农业基础设施投资体系，逐步提高农业基础设施建设投资力度，加大涉农

的财政和金融信贷支出，改善资金运转机制。同时也应积极采取措施避免大型基础设施建设的不合理投入，把"政绩工程"资金用于能够使农民直接受益的基础设施建设工程上；把涉农支出分别设立农田、水利、道路交通、机械化普及等专项资金，对资金有针对性地使用，统筹规划，集中投产。特别是在一些小型农田水利的设施建设上应加大投入力度，根据实际情况，加速建设小型的灌溉和蓄存水设施，同时引进生态节水灌溉的种植模式，加大污水处理和雨水集蓄的农田水利工程，在农业发展重点地区，在农业基础设施的建设上进行重点投入，在道路交通方面加大对道路主干线的建设投入，同时要完善支线的建设并贯彻路网模式，全面提高农村的道路建设，同时要提高建设标准，稳抓建设质量，为农业的现代化建设特别是粮食增产能力的提升打下牢固基础。

（二）应提高农业基础设施使用率以促进粮食增产效能

应积极借鉴国内外经验，提高农业基础设施使用频率，走集约化的高效农业发展道路，不断释放土地产能，不断提高粮食增产效能。应不断推进粮食生产基础设施配套服务，不断提升灌溉设施的利用率，积极理顺排污排涝设施的运营模式，逐步提高水肥设施的投资效率与质量，积极发展壮大现代化的农业基础设施，积极探索提升农业基础设施使用效率的新模式，积极提高土地产出率，因地制宜，结合各地实际情况，探索出适合本土的粮食生产提质增效路径。

（三）应优化农业基础设施等要素的资源配置以满足粮食生产需求

积极学习国内外在农业基础设施等要素配置上的先进经验，依托资源最优化配置理论，从优化生产资料配置比例入手，在进行粮食生产时合理控制投入要素之间的比例，扩大高弹性要素投入比例，控制低弹性要素投入比例，优化生产要素资源配置。以期实现农业用地的集约化和规模化经营，促进农业用地的产业化发展，并进而为实现农业用地效率的快速提升，满足我国粮食生产过程中对各种生产要素的最优化配置。

新形势下，保障国家粮食安全的任务更加艰巨。"确保国家粮食安全，把中国人的饭碗牢牢端在自己手中"，这是中国粮食产业发展的重要任务，也是完善农业基础设施建设的根本任务。推进农业基础设施体系建设既是改造传统粮食生产的重要内容，也是追赶世界农业革命的必然选择。这一时期，国内粮食安全保障目标是包括产品安全、资源安全、生态安全、贸易安全"四位一体"的粮食安全。当前，应把确保主粮安全放在农业基础设施建设工作更加重要的位置，以问题为导向，坚持把提升粮食行业的竞争力作为智慧农业、设施信息化的主攻方向和战略任务，系统部署农业机械信息化建设、农田水利建设、低产田改良等研发与实施任务，构建国家粮食安全设施保障体系，努力提升设施要素的产出效率及资源配置效率，促进粮食安全基础设施保障能力稳步提升。

第一节　农业基础设施建设促进粮食增产的意义

一、对于粮食生产增产提效具有重要意义

一个完善的、高效率的农业基础设施系统是保障国家粮食安全的重要内容和根本支撑。当前，中国农业基础设施严重滞后于农业现代化发展，评估农业基础设施与粮食产量之间关系，完善农业基础设施建设，进而促进粮食生产增产提效，对国家粮食安全的保障具有重要的现实意义。具体来讲，瞄准粮食安全目标的农业基础设施建设研究包括以下几个方面的重要意义：

（一）有助于保障国家粮食安全和提升中国粮食产品的国际竞争力

粮食安全的核心问题是生产能力的安全（尹成杰，2005）。农业基础设施

有利于增加粮食播种面积，为粮食稳产增产提供可靠保障；有效降低粮食的生产成本和"双重"风险，提高粮食生产效率，提高土地产出率和资源利用率。加强农业基础设施建设，从根本上改变农业"靠天吃饭"的现状，巩固与提高农业综合生产能力，才能确保国家粮食安全。系统深入地研究农业基础设施的粮食增产效应，有利于提升粮食生产中农业基础设施建设政策的针对性、时效性、完备性，对于保障粮食安全有重要的现实意义。

（二）有利于满足现代农业多元化经营主体的需求

农业现代化需要建立新型农业经营体系，必须要有强大的、发达的和完善的农业基础设施建设与之相配套。农业基础设施建设有利于促进社会资源优化配置，促进农业规模化、专业化、组织化、社会化和市场化发展；有利于培育出新型农业经营主体，促进农业生产经营机制的创新，促进外向型农业和创汇型农业等新兴农业的发展。当前，农业资源环境和市场约束增强，中国农业转变发展方式需要有物质基础和先行资本，这就对农业基础设施提出了新的更高的要求。

（三）有利于促进农业发展方式的转型升级

近年，国家在历年的中央 1 号文件中均反复强调要把中国人的饭碗牢牢端在自己手中。农业基础设施建设则是通过公共财政支出支持农业生产、农民生活、农村发展的重要物质条件，也是衡量农民生活条件和农村地区社会发展水平的重要方面。2003 年以来，国家以历年中央 1 号文件为主旋律，制定了一系列促进农业转型、农村发展、农民增收的政策，全面将公路、水利设施等农业基础设施建设、社会事业发展的重点转向了农村，近年实现了我国农业生产最好、农民生活变化最快、农村变化最大的良好发展态势，并有效促进了农业发展方式、农村生活方式的转型升级。

二、对于完善农业基础设施建设体系具有重要意义

（一）有利于推进农业基础设施基本条件的改善

灌溉设施和农村公路是驱动粮食增产提效的基础条件之一。在农村劳动力老龄化和就业非农化加速的背景下，以农业生产为主业的农户有机会扩大农业生产规模，提升粮食综合生产能力，但前提是耕地要能连片、要具备灌溉设施、机耕道路等进行农业生产的基础条件。故在解决现阶段粮食增产问题的过程中，基础设施不失为一个重要的突破口。而且自 1994 年《世界银行发展报

告》中明确提出"基础设施是经济增长的必要前提"的观点以来，我国也非常重视农业基础设施的建设，特别是自 2011 年起，历年中央 1 号文件均从不同角度突出了灌溉设施、机耕道路、农业机械化等基础设施建设的重要战略地位。本书依托农业基础设施的公共物品性质、经济效益与外溢效益等理论，分析加强农业基础建设的长效机制，对于完善农业基础设施建设、改善农业生产基本要素条件具有重要意义。

（二）有利于从制度层面探索农业基础设施供给与管护模式

借鉴美国、日本等国家和地区在农业基础设施供给和管理方面的经验，结合我国灌溉设施与农村公路等农业基础设施建设的具体现状、发展趋势、存在的问题及相关法律法规等情况，按照政策设计的常规思路，从制度层面对完善农业基础设施供给与管护模式进行有益探索，对于解决灌溉设施老化、田间沟渠投入不足、建设标准低、解决偏远地区农村公路"最后一公里"等问题，提高农业基础设施的投资效率，实现农业基础设施的高效投资与最优化配置具有重要意义。

（三）有利于推进农村公共财政制度和政府职能转变

结合对"世界银行共识"的反思，部门主导的市场化改制将导致公共投资部门"甩包袱"和权力寻租路径依赖，并不能解决政府失灵，没有改善基础设施的投资建设和管理。加强农业基础设施投入政策体系建设是健全支农惠农强农政策的重要措施，是国家关注和重视农业发展的具体体现。乡村振兴战略启动后，公共财政向"三农"倾斜、加大农业基础设施的投入，创新农业基础设施投资和管理体制机制关系到普惠制公共财政体系能否建立。

第二节　农业基础设施建设促进粮食增产的目标设计

当前，无论是国际市场竞争的压力倒逼，还是国内资源环境的双重约束，抑或是气候变化带来的不确定性，加强农业基础设施建设是实现我国粮食安全战略的现实需求和重要途径。但是我国的农业基础设施供给是否促进了粮食增产？农业基础设施对粮食增产的长期效应明显还是短期效应明显？不同的农业基础设施对粮食增产是否存在差异？不同粮食作物主产区域的农业基础设施投入的边际效益是否存在差异？近年大规模推进的高标准农田这一综合性农业基础设施建设对粮食增产的作用是否见效？关于这些问题，现有的文献没有做出较为正面的回答。本书以农业基础设施为研究对象，聚焦于"我国农业基础设施供给对粮食增产影响几何"这一核心问题的研究，以期实现通过提升农业基础设施建设促进粮食增产的目标。因此，农业基础设施建设促进粮食增产的具体目标更多地应体现为：切实贯彻我国农业供给侧结构性改革的基础上，根据商品粮主产区农业发展特点，通过农业基础设施建设促进粮食综合生产能力提升，实现粮食增产、农民增收、粮食生产效率提升、粮食净调出量增加和农业的可持续发展，最终实现保障国家的粮食安全。具体表现为：提升粮食生产效率，保证粮食产出水平的基本稳定，增加粮食产量，提升商品粮净调出量，维护国家粮食安全；发展绿色农业，实现粮食生产与农业生态保护的有机结合，实现农业可持续发展；进而实现区域经济发展，带动粮食生产相关主体增收。农业基础设施建设驱动粮食增产目标实现的示意图，如图 6-1 所示。

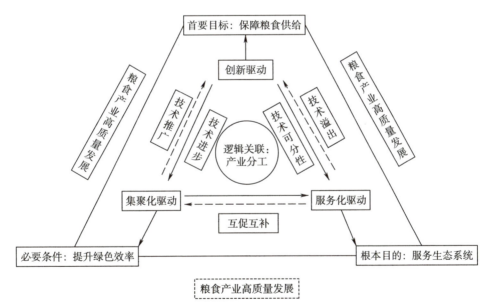

图 6-1　农业基础设施建设驱动粮食增产目标实现的示意图

一、努力改善基础条件，确保粮食产量稳定在 1.3 万亿斤以上

习近平总书记在 2022 年 3 月 6 日看望参加全国政协十三届五次会议的农业界、社会福利和社会保障界委员时强调，"实施乡村振兴战略，必须把确保重

要农产品特别是粮食供给作为首要任务，把提高农业综合生产能力放在更加突出的位置，把'藏粮于地、藏粮于技'真正落实到位。"粮食安全至关重要，有利条件多，压力也不小。国家连续多年出台政策，加大资金支持，改善基础条件，强化科技支撑，确保粮食产量多年丰收，有力保障了国家粮食安全。然而确保粮食产量稳定在1.3万亿斤以上，也面临城镇化快速推进、耕地面积逐年减少、一些地方土壤退化严重、土地产能逐年下降等诸多挑战。因此，要确保粮食产量稳定在1.3万亿斤以上战略目标的实现，除政策扶持和稳定面积外，还需改善农业基础设施，加强农业科技、进行良田改造等。

二、精准评估基础设施对粮食增产的外溢效应，提高投资效率

应科学评估农业基础设施对粮食增产的外溢效应，进而提高设施投资的效率。因此，应依托农业基础设施投资的农业经济增产理论，综合运用各种实证分析方法分析、评估农业基础设施投入对粮食增产的总体效应、长期与短期效应、类型差异效应、区域差异效应、项目覆盖差异效应，进而构建包括时间长度、空间宽度、种类维度、项目覆盖深度的宏观与微观结合的农业基础设施投资的粮食增产效应的多维度评估体系，找出农业基础设施的种类短板、区域短板、项目覆盖短板，进而采取加强水利工程建设、提高大型农机具保有量、加快中低产田改造、增加科技投入等有效措施，提高农业基础设施的投资效率，增强我国粮食综合生产能力，保障国家粮食安全。

三、强化设施—资源—粮食纽带关系，实现多重目标优化

从基础设施—资源配置—粮食增产间的纽带关系视角，探寻农业基础设施投资效益最大化、资源利用效率最大化、粮食生产效率最大化的多重目标间的优化配置。依托多目标函数配置模型，探索各粮食主产区在基础设施投资、资源消耗、粮食产量及经济效益等方面的制约，解析农业生产在节水、节能、增产、增收等方面的偏向性，建立基础设施—资源配置—粮食优选指标体系、基础设施—资源配置—粮食综合效益提升路径的动态反馈机制，寻求提升基础设施投资效率、资源利用效率、作物产量及农业经济效益等新思路。

第三节 农业基础设施建设促进粮食增产的四重逻辑

农业基础设施建设促进粮食增产是当前实现粮食产业高质量发展的重要环

节之一。首先，加强农业基础设施建设，满足不断增长的粮食需求，保证粮食供给的数量和质量安全始终是粮食产业发展的基本功能和首要目标。其次，加强农业基础设施建设，保护人类赖以生存的生态环境和自然资源，实现向资源节约、环境友好的粮食绿色化生产转型，从根本上保证粮食产业发展的可持续性。最后，加强农业基础设施建设，充分发挥粮食产业的生态系统服务功能，保障粮食经营主体的经济利益、提高农民收入和生活质量，增加产业人力资本积累，并获得粮食经营主体积极的行为响应，进一步支撑粮食产业高质量发展，实现增进社会福利的最终目的。总之，加强农业基础设施建设，促进粮食产业高质量发展，实现保障粮食供给的首要目标，并进而实现以提升绿色效率为必要条件、以服务生态系统为最终目的的可持续的发展。

当然，农业基础设施促进粮食增产进而实现粮食产业高质量发展的形成有其历史性、经济性、现实性及理论性。本部分基于马克思商品二重性理论、可持续发展理论和鲍莫尔"成本病"理论，来梳理粮食产业高质量发展的历史逻辑、经济逻辑、现实逻辑及理论逻辑，这将有助于理解农业基础设施建设推动粮食产业高质量发展的必然性和必要性。

一、农业基础设施建设促进粮食增产提效的历史逻辑

农业基础设施建设促进粮食增产的历史逻辑在于马克思的"商品二重性"与"生产方式变革"新发展观。

（一）马克思"商品二重性"的新发展观

马克思在《资本论》第一卷中指出，商品是具有使用价值和价值二重属性的矛盾统一体。其中，商品的使用价值是指能够满足人们某种实际需要的属性，价值则是凝结在商品中无差别的一般人类劳动，其作为交换价值的基础，体现着不同使用价值间的交换关系。

在以货币为媒介的市场经济条件下，由于交换关系的普遍化，人们关注的重点由使用价值（即产品质量的合意性），逐渐转向交换价值（即货币），由此严重偏离了经济发展的原初本真性。对上述问题的探讨需要回到商品流通和资本流通过程。在 W—G—W' 商品循环过程中，最终的目的是消费，为了获取能够满足实际需要的使用价值特性；而在 G—W—G' 资本循环过程中，最终的目的是价值增值，为了获取象征财富的交换价值本身。由于在市场经济或交换

经济中，大多数生产活动都是为了获取交换价值而进行的，经济发展的目的和手段发生了反转。经济发展目标锁定于价值增值，可能在一定程度上有助于刺激财富积累、促进经济增长，但也会由于长期忽视商品的使用价值特性，降低经济发展质量，进而引发生产力与生产关系之间的矛盾。当这种矛盾积累到一定水平，便会对生产力的进一步发展形成桎梏。

（二）农业基础设施建设促进粮食"生产方式变革"的新发展观

为了促进生产能力向更高层次、更高水平跃迁，就必须想办法化解由发展目标长期偏离而积累的冲突与矛盾。此时，就需要通过生产方式变革来重塑新发展观。在高质量发展新时期，满足人民日益增长的美好生活需要——这个经济发展最本真的属性将变得越来越重要。因此，经济关注重心也应逐渐回归于如何提升商品和服务的使用价值及其质量合意性。同时，更加关注于商品和服务供给能力的提升。随着社会经济发展，人民对粮食商品的实际需求也在不断提高。但从现实来看，这种对美好生活的向往和诉求与实际供给能力之间尚且存在一定差距。正是生产力与生产关系之间的矛盾与冲突，为生产方式变革、经济发展观重构注入了强大动力，也使得深化农业供给侧结构性改革、促进粮食产业高质量发展如此迫切且具有现实意义。

二、农业基础设施建设促进粮食增产提效的经济逻辑

农业基础设施建设促进粮食增产的经济逻辑在于环境外部性与可持续发展理念。可持续发展思想起源于对经济发展方式与地球环境承载力极限的反思。

（一）农业基础设施建设促进粮食产业可持续发展的理念

20世纪60年代，与工业化相伴生的环境污染、资源耗竭与生态恶化等问题逐渐凸显。发展中国家由于技术水平低、人口增长率高、资本匮乏等原因，经济发展陷入"贫困—人口增长—资源耗竭—更贫困"的恶性循环。人们开始认识到，任何超出环境限制的发展都会以损害生态系统为代价，减少未来生存的资源基础。因此，需要重新审视经济活动与发展道路。Brundtland（1991）在 *Our Common Future* 一书中正式提出可持续发展理念，引起社会各界普遍关注。她认为，所谓可持续发展，就是"既满足当代人实际需求，又不损害后代人生存和发展需要的发展"。经济发展不可持续的一个重要原

因是存在环境污染外部性。之所以称为外部性，是因为污染者没有承担污染行为的全部费用，环境污染成本被转嫁于整个社会。由于外部成本没有通过市场价格显性化，因此，价格机制无法对这种负外部性进行有效调节，进而导致市场失灵。

农业活动的环境负外部性相对隐蔽：一方面，环境污染的发生具有时滞性，导致污染行为主体难以被快速锁定；另一方面，环境成本的承担者是整个社会，所以很难找到利益损害方合适的代理人，并且，环境成本也难以被精确量化。基于此，农业活动通常被认为是环境污染的一个重要来源，如果长期缺失有效的激励约束机制将环境外部成本显性化，农业就会不可避免地陷入有增长无发展的"内卷化"陷阱，最终成为经济发展的瓶颈。大量的研究表明，化肥、农药过度使用会导致严重的环境污染和食品安全问题，比如，氮肥中有30％～80％由于硝化和反硝化过程而被排放到水和大气中造成污染，这将会提高蓝婴症等部分疾病的发病率；同时，耕地面积的大幅增加也会造成动物栖息地相应缩减，进而降低生物多样性。因此，传统依靠要素投入带动粮食增产的粗放型生产模式不具有可持续性，粮食产业需向绿色、高值的永续发展模式转型。

（二）粮食生产由粗放模式向可持续模式的转型

如何衡量粮食产业可持续发展水平？可持续发展就是要实现经济、社会和生态三方面的协调统一。其中，经济协调主要体现在以实物数量表示的资源技术效率（如土地生产率）和以货币价值表示的经济利润率（如成本收益率）；社会协调主要体现在粮食生产要素和收入分配的社会平等，如人均耕地面积、农业社会化服务、公共基础设施建设和城乡收入差距等；生态协调主要体现在土壤肥力和水资源管理，如单位面积化肥农药施用量、土壤有机质含量以及单位面积用水量等。上述指标可在一定程度上反映粮食产业可持续发展水平。那么，如何提高粮食产业可持续发展水平？关键在于生产集约化。发展中国家粮食产业可持续发展的当务之急是稳定粮食生产、保证粮食供给，同时还应注意资源的可持续利用。通过高效利用化肥、农药和耕地等资源，不断提高单产水平和劳动生产率，增加人均粮食产量。粮食生产应该尽量减少对环境和人类健康有害的化学品使用量，可以再生的人力资本、物质资本、金融资本和社会资本代替，任何可以增加可再生资本的措施都将有助于提高粮食生产的可持续性。

总之，传统粗放型粮食生产模式会造成温室气体过量排放、生物多样性损失、土壤质量退化以及食品质量安全等一系列严重问题，使得社会成本远高于私人成本，这种不加干预的均衡状态会造成社会福利损失。换言之，从社会整体福利角度来看，环境外部性将导致传统粮食生产产生非经济理性的结果。因此，只有推动粮食产业高质量发展，才能以更低的社会成本获得更高的社会效益，进而实现社会福利的最大化和最优化。

三、农业基础设施建设促进粮食增产提效的现实逻辑

基础设施建设促进粮食增产的现实逻辑在于产业结构的转换。威廉·鲍莫尔在《宏观经济的非均衡增长》一文中分析了生产率增长差异对不同产业发展和整体经济运行的影响。

（一）产业结构转型的"鲍莫尔陷阱"

在威廉·鲍莫尔的产业结构转换模型中：假定生产率增长率低于平均水平（或称技术停滞）的产业部门会经历高于平均水平的成本增长，并进一步导致高于平均水平的价格上涨。若该产业部门的产品具有较低需求价格弹性，则其在国民产出中的份额便会不断上升。另一方面，由于技术停滞部门的生产率增长十分缓慢，其产出份额上升也会对经济总体效率产生拖累效应。从此，一个国家经济体将患上"鲍莫尔成本病"。根据鲍莫尔的解释，服务业产出份额增长并不是因为最终需求向服务业转变，而是因为生产率增长差异。以不变价格衡量时，服务业在最终需求中的份额是固定不变的，而以当前价格衡量时，服务在最终需求中的份额出现上升。因此，观察到的服务业份额的增加纯粹是由价格效应导致的。同样，服务业在就业中所占比重上升并不是服务实际需求转变的结果，而是生产率增长乏力的表现。在鲍莫尔等人看来，技术停滞部门主要集中在第三产业，该产业部门内部产品价格需求弹性较高的行业（如表演艺术和手工艺品等），其价格上升会不断压缩行业发展空间，以至于后来很多传统手艺近乎失传。另一些产品价格需求弹性较低的行业（如教育、医疗等）则会一直续存下去，但随着劳动力不断转移，经济发展将陷于停滞，最终掉入"鲍莫尔陷阱"。此时，如果不对经济发展进行外部干涉，经济发展路径锁死将不可避免。因此，如何突破"鲍莫尔陷阱"就成为经济发展的关键问题。推动传统产业转型升级、发展现代化产业发展模式或许是治愈"鲍莫尔成本病"的一剂良方。

（二）农业基础设施促进粮食产业结构突破"鲍莫尔陷阱"困境

然而，已有研究表明"鲍莫尔效应"并不局限于服务业，农业领域也可能存在"鲍莫尔陷阱"。与前者有所区别，农业领域的"鲍莫尔效应"并非由于劳动力资源大量流向农业部门、农业生产成本增加所导致的。相反，由于机械化对农业劳动力的替代效应、土地资源的稀缺性以及比较收益的差异，农业劳动力存在向第二、三产业转移的倾向。随着"刘易斯拐点"出现，农村劳动力从"无限供给"转向"有限剩余"。当劳动力进一步转移出现短缺时，其对农业生产活动的负向影响就会开始显现。尽管粮食的价格需求弹性较小，但由于关系到国家经济的稳定，粮食价格基本保持平稳，波动空间有限，因此，不会出现价格的大幅上涨。另外，随着非农劳动力工资迅速增长，种粮劳动力机会成本激增。在成本上涨和价格上浮有限的双重作用下，种粮利润空间被严重压缩。为了缓解劳动力投入减少和成本上涨的压力，农民通常会选择增加化肥农药投入来提高产量、降低成本，相应地也会造成严重的环境污染和粮食质量安全问题，从而对整个社会经济发展造成拖累。已有研究普遍认为，农业生产对环境污染具有深远影响，且当前这种环境负外部性被严重低估，粮食产业发展停滞甚至衰退会对社会经济发展产生强大的破坏性。

总之，在种粮利润空间不断压缩、城乡要素单向性流动特征凸显的现实条件下，推动粮食产业高质量发展是保障国家粮食安全、促进乡村产业振兴的不二之选。只有加速粮食产业转型升级，推动农业现代化发展，才能避免陷入产业结构转换的"鲍莫尔陷阱"，促进经济发展质量全面提升。

四、农业基础设施建设促进粮食增产提效的理论逻辑

基础设施建设促进粮食增产的驱动机制在于技术进步与创新的底层逻辑。经济学是一门关注经济福利及其增长手段的科学，从古典增长理论到新古典增长理论，再到后来的内生增长理论，都将创新视为推动经济增长的重要力量。

（一）技术进步与创新的底层逻辑

亚当·斯密认为，分工是国家财富增长的一个基本要素，它取决于市场扩张，而市场扩张又在很大程度上依赖于创新过程。要素投入增长（资本积累）只有水平效应，不具有增长效应，经济长期增长源于持续的技术进步，但在索罗模型中技术进步被假定为外生给定的条件。与之不同，内生增长理论则认

为，技术进步是由内生因素所决定的，技术研发、人力资本积累、基础设施建设和制度激励等都是影响创新活动的重要因素。熊彼特指出，创新和创业是经济增长和发展的最终驱动力，新想法和新技术通过"创造性破坏"的渐进市场过程最终形成新产品和新产业。

对于熊彼特所说的"创新问题"有两种截然不同的解释。新增长理论学派认为，这是一个投资分配问题，同时也是一个市场失灵问题。奥地利学派、公共选择学派和新制度经济学派认为，这是一个企业家发现问题，同时也是一个协调问题。发明是新产品或新工艺的首次提出，而创新则是将新产品或新工艺进行实践的初次尝试。二者的主要区别在于前者可能发生在任何地方，后者则主要发生在能将不同类型的知识、资源和技能整合在一起的公司中。方式或新目的将现有生产资源整合，正是企业家的职能所在。企业家是领导者，带领生产资料进入新的渠道，企业家不一定是人类的天才或恩人，他将利润率视为创新活动的先决条件。以熊彼特看来，企业利润是"成本盈余，即企业收支差额"，产品流程改进等创新活动为企业家创造了更有利的条件，进而有机会获得更高的利润。因此，在某种意义上，创新过程也是利润增长的过程，利润空间会影响企业家创新行为选择。

熊彼特创新理论研究的重点，不是在一组特定约束条件下资源如何优化配置，从而提高资源的利用效率，而在于如何消除和克服经济发展的约束条件，以拓宽生产可能性边界，突破增长极限。正因如此，熊彼特创新理论对社会经济发展具有重要的现实启发意义。近年，熊彼特假说在现代工业领域得到了强有力的实证支持，但对于其他宏观经济部门，特别是在农业领域，其理论适用性尚有待进一步实证检验，关于"如何促进农业创新活动、实现创新驱动的内涵式发展"等问题的研究还有待丰富。目前农业科技创新水平仍然较低，技术进步速度相对缓慢，对粮食生产效率提升的贡献度还十分有限。因此，如何增强科技创新和技术进步的核心驱动作用，从而形成粮食产业高质量发展的长效机制，是值得进行深入探究的重要问题。

（二）知识外部性与产业集聚效应

产业集聚是判断产业专业化水平的重要标准，通过经济活动的空间集聚产生集聚经济效应，从而提高产业效率和竞争力。这种集聚经济效应既是产业产出不断增长和产业规模不断扩张的动力，也是产业空间集聚度持续提升的结果。马歇尔认为，经济活动的地理集中具有"滚雪球效应"，各种"外部性"

为"雪球"滚动提供了强大的向心力。首先，在集聚区各类要素集中使生产过程更趋多样化和专业化，企业希望迁入集聚区就近生产，以获得中间投入品的规模经济效应，降低生产成本。其次，产业集聚有利于降低企业和劳动者的搜索成本，提高劳动者与岗位间的匹配效率，从而降低交易费用和生产成本。最后，产业集聚能够缩小空间距离，有助于知识创新和技术溢出。空间距离会阻碍与他人互动和思想交流，进而影响技术创新和知识溢出强度。因此，技术创新通常具有强烈的集聚倾向。实际上，学习效应和知识积累的外部性，体现着人与物以及人与人之间的信息交流与知识共享，这正是产业集聚效应的本质特征。通过产业内分工深化和产业间互补性知识溢出，知识外部性在集聚区内部被不断强化。

外部性在产业集聚过程中至关重要，通过不断自我强化，最终形成循环积累因果效应。但是，产业集聚并非只有集聚经济效应，否则整个产业将会集中到空间上的一个点。由于存在要素流动成本、贸易成本和土地租金，产业过度集聚也会造成生产要素价格上涨、交通拥堵以及环境恶化等市场拥挤效应。集聚经济效应和市场拥挤效应不仅导致了产业空间分布格局演化，也决定了产业集聚的资源配置效率和最优规模区间。产业集聚作为一种特殊的产业空间组织形式，可以通过分工深化、资源共享和技术溢出等途径强化知识外部性，进而提高生产效率，在经济增长及社会福利等方面具有重要影响。

现有关于产业集聚效应的理论和实证研究多集中于制造业和服务业，专门关于粮食产业集聚效应的理论分析和经验证据相对匮乏。鉴于粮食产业的特殊性，传统产业集聚理论是否适用于粮食产业尚不得知，产业集聚对粮食产业高质量发展的影响效应有待进一步检验。但从发达国家粮食生产的经验来看，粮食产业的集聚化生产有利于稳定产业结构、提高生产效率，对于保障国家粮食安全和推动粮食产业转型升级具有一定的积极效果。目前，我国粮食产业存在集聚特征不明显、专业化水平不高、比较优势不突出等问题，粮食产业整体发展质量有待进一步提升。因此，如何充分利用产业集聚效应，赋能粮食产业转型升级，进而实现高质量发展，是当下亟待解决的重要议题。

（三）产业融合与产业服务化转型

Rosenberg 首次以"技术融合"（technological convergence）概念来描述美国专业机床行业的演变过程。随着标准化生产程序出现，各种不同种类产品（如枪支、缝纫机、自行车）可以使用同种类型的机械和基础技术进行生产，这意味着从最终产品性质和用途的角度来看，明显不相关的行业在技术上变得非常紧密，出现了融合现象。20世纪70年代兴起的信息通信技术和20世纪80年代的互联网技术催生了多媒体和信息通信产业融合浪潮。在技术创新、市场管制放松、企业多元化经营等因素驱动下，不同产业或同一产业不同行业间相互渗透交叉，最终形成新业态和新模式的现象越发普遍。

产业融合发展有助于提高粮食产业生产效率和市场竞争效率。一般来说，产业融合更容易发生在高新技术产业与其他产业之间，通过引入新的生产要素或者以要素组合重构的方式改造传统产业的发展路径，赋能传统产业转型升级。产业融合可以通过价值链重构去掉某些价值链环节，使得部分传统产业逐渐退出市场。同时，也会插入新的价值链增值环节，进而催生一批新兴产业。例如，在信息通信产业，互联网使得某些传统分销环节消失，同时也打开了捆绑服务的大门。正是源于传统部门和现代部门的交叠更替，才促使技术、产品与服务质量不断升级，产业效率得以持续提高。另一方面，产业融合也可以通过扩大市场容量、促进分工深化，来加剧市场竞争、提高产业效率。传统理论认为，在市场容量有限的条件下，企业为了获得垄断利润，可能通过并购、合谋等方式减少在位企业数量，从而限制竞争。产业融合所带来的市场容量扩张和产业边界模糊无疑会增加在位企业数量并扩大竞争范围，进而改变企业组织间的竞合互动关系，促使市场竞争更加充分而有效。在产业融合的环境中，企业需要避免技术锁定和路径依赖，采用富有弹性的组织形式，以适应不断变化的技术环境。因而，产业融合发展也有利于促进科技创新和技术进步。

近年，中国经济服务化趋势明显，2012年中国服务业增加值首次超过第二产业，随后呈现扩大态势。但从粮食产业发展的现实来看，现代化的粮食产业体系尚未健全，粮食产业链还不完善，尤其农业服务业总体上仍处于发展的初级阶段，存在基础设施条件有限、服务规模不足、服务水平不高、服务内容单一、服务结构不合理等诸多问题。服务经济时代背景下，如何畅享"农业服务化红利"，推动技术进步及创新对农业基础生产条件的改进与完善，促进粮食产业提质增效、节本降险，对乡村产业振兴和农业现代化转型将具有重要意义。

第四节　农业基础设施建设促进粮食增产的路径

在明确农业基础设施建设促进粮食产业高质量发展的形成逻辑之后，本部分主要讨论推动粮食产业高质量发展驱动机制的构建问题，或者农业基础设施建设促进粮食增产的路径选择问题。主要依托农业基础设施建设促进粮食产业高质量发展驱动机制的底层逻辑，阐述技术进步与创新理论、产业集聚理论和产业融合理论对农业基础设施建设的影响，进而促进粮食产业高质量发展的重要意义；从产业分工视角进一步论述三种理论背后的内在逻辑和交互关系，并提出"创新驱动基础设施建设—基础设施建设驱动粮食生产集聚—粮食生产集聚驱动粮食增产提效"三位一体分析框架。

一、农业基础设施建设促进粮食产业发展的环境营造

当前，我国拥有辽宁、河北、山东、吉林、内蒙古、江西、湖南、四川、河南、湖北、江苏、安徽、黑龙江 13 个省份的粮食主产区，拥有广袤无垠的土地和充足的农业资源，为我国提供了较充足的商品粮生产基地。从全球范围来看，我国的农业发展潜力无疑是巨大的。然而，农村产业融合的发展与传统农业发展不同，在农村产业融合发展的进程中，对第一产业——农业的要求不仅仅是"多"，而且还要"精"。发展农村产业融合不仅要有传统的大规模机械化生产方式，同时也要具有农产品深加工、产供销一体化的转化能力。

（一）农业基础设施建设促进粮食产业发展的自然条件

具体来看，我国发展农村产业融合的支撑条件如下。

首先，农业资源富集。发展产业融合的基础和依托在于农业，我国农业资源较为富集，具有较强的区位和自然条件发展优势。目前拥有耕地面积 19 亿亩，耕地资源及自然条件较具优势，具有耕层深厚，土质肥沃，有机质含量高等特点；同时，气候、水资源等能基本满足粮食生产需求，农业资源条件得天独厚，发展粮食生产及农业深加工产业有基础、有优势、有潜力。其次，农业基础设施机械化程度较高。我国大部分粮食生产基地位于平原，耕地平坦且集中连片，较适于机械化作业和规模化生产。因此，几大粮食生产基地均实施了机械化生产，耕、种、收的机械化水平目前已经达到 90% 以上，粮食生产过程中的规模化、机械化作业大大提升了生产力及生产效率，为开展粮食生产及农产品加工业提供了便利条件，也为促进我国农业产业发展及农村产业融合奠定了坚实的基础。最后，规模化生产优势较为突出。近年我国各粮食主产区均不同程度地发展了区域特色农业产业，培养出了一批以高产优质的粮食、畜牧产品、山特产品等为主导的农产品产业集群，打造出一系列种类齐全、数量可观的规模化生

产基地。规模化生产是发展产业融合的重要保障，如没有大规模的生产基地，则无法依照市场对种类及品质的需求提供大量的优质农副产品。

（二）农业基础设施建设促进粮食产业发展的社会环境条件

近年随着国家对农村产业融合的大力倡导，各粮食主产区积极响应国家政策，为落实农村产业融合项目做了诸多努力。在社会环境方面，各粮食主产区发展农村产业融合有如下几点优势。

首先，粮食生产体系具有引领优势。各粮食主产区拥有组织化程度高、规模化特征突出、产业体系健全的粮食生产系统。各粮食主产区农业生产的基础设施完备，截至 2022 年底，全国已累计建成 10 亿亩高标准农田，农业机械化率达 90％以上。各粮食主产区不仅粮食生产发展迅速，畜牧业发展也处于领先水平，依托于农产品和畜牧产品的产量优势，一些农产品加工企业也已开始崛起。各粮食主产区现代化程度高、综合生产能力强，粮食生产基本实现了机械化、集约化、规模化，并已将其先进的发展经验和发展手段逐步向周边地区辐射，引领和推动了片区内的农业产业融合。其次，粮食生产政策支持优势。自 2014 年中央农村工作会议之后，为解决农村一二三产业融合发展的问题，2015—2019 年中央连续发布了几个中央 1 号文件，从不同侧面对农村一二三产业融合发展的任务进行部署，这就为各粮食主产区农村产业融合的发展带来了良好契机。在国家政策的大力支持下，各粮食主产区的地方性政策也为推进农村产业融合发展作出了积极努力。为贯彻落实《国务院办公厅关于推进农村一二三产业融合发展的指导意见》的精神，推进农村产业融合发展，加快转变农业发展方式，构建现代农业产业体系，各粮食主产区均发布了一系列推进农业发展的实施意见。最后，土地利用政策优势。为落实2017 年中央 1 号文件《中共中央、国务院关于深入推进农业供给侧结构性改革加快培育农业农村发展新动能的若干意见》的精神，国土资源部、国家发展改革委于 2017 年 12 月联合下发了《关于深入推进农业供给侧结构性改革做好农村产业融合发展用地保障工作的通知》，明确提出要积极探索建立农业农村发展用地保障机制，合理完善农业用地政策，为农村产业融合用地提供保障。

二、农业基础设施建设促进粮食增产提效的路径依赖

然而面对新时期的复杂多变的国内外发展环境，我国粮食安全呈现出"脆

弱、强制、紧张"平衡的特点，虽然目前在短期内粮食供需基本保持了平衡状态，但是粮食生产资源条件匮乏，政府主导下经济社会要素投入大、保障粮食安全的能力不足的现状依然存在，因此，要想实现粮食生产的可持续发展，稳固提升国家粮食安全总体水平，必须集中优势农业资源，改善农业生产基础条件，大力推进粮食综合生产能力的提升。本部分在对各粮食主产区粮食综合生产能力现状评价、对粮食综合生产能力提升的瓶颈困境分析的基础上，结合粮食生产的阶段性特征，从操作层面探讨粮食综合生产能力提升的内生路径、外生路径及多重相关路径的依赖，从粮食综合生产能力提升的构成要素角度出发提出了内生路径及外生路径的路径选择，并从实现粮食供给侧结构性改革的新要求角度出发提出了多种相关路径，从而明确国内粮食主产区提升粮食综合生产能力的切入点和具体思路。

（一）内生、外生路径依赖的耦合

提升粮食综合生产能力的内生路径、外生路径及多重相关路径的选择不仅仅是从国家、地方、关联机构等相关主体的视角来探讨支撑粮食综合生产能力提升的措施，更是尝试将从属不同系统的作用要素进行耦合，通过建立粮食生产大系统运作机制来保障粮食主产区的产出及商品化效率。因此，诸多路径的选择都将围绕提高粮食主产区的综合生产能力，通过单一路径直接或间接的作用影响优化粮食生产投入要素，通过各路径间的耦合作用相互支撑单一路径的影响能力，进而实现粮食主产区粮食生产的高效化，增加农民收入，提高粮食产量，提升粮食生产效率，增加商品粮净调出量，实现粮食生产的可持续发展，从而保障国家粮食安全。具体作用关系如图6-2所示。

（二）提升粮食综合生产能力的内生路径依赖

1. 对耕地当量红线的内生依赖

据统计，目前我国耕地面积已经接近18亿亩红线，人均耕地不足1.5亩，不到世界平均水平的1/2、发达国家的1/4。按照当前国内粮食供需规模测算，我国至少需要30亿亩的播种面积才能满足需求，而我国当前的18亿亩耕地转化成播种面积大约只有24亿亩，耕地面积缺口明显；同时，根据中国农业科学院的预测，我国需要保证18.5亿亩的耕地面积才能在2030年实现95％粮食的自给率。虽然我国还拥有1.1亿亩较为集中的连片耕地作为后备的资源储量，但是这些耕地的分布主要是在北方和西部的干旱地区。可以看出，我国坚守耕地面积18亿亩当量红线，形势十分严峻。

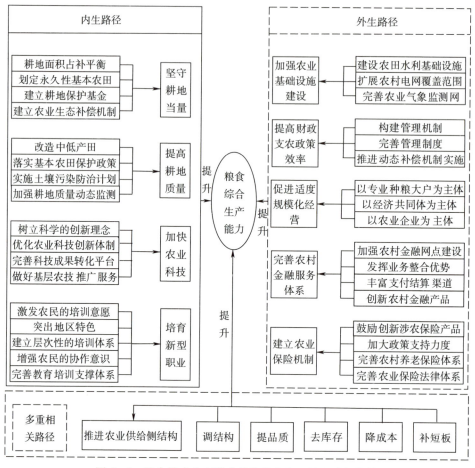

图6-2　粮食综合生产能力提升的内生、外生路径依赖

对于各粮食主产区来说，耕地面积当量的稳定尤为关键，若不能坚守，粮食生产的净产出量将无法得到保障。据统计，2020年，国内各粮食主产区的耕地面积约为4 915.28万公顷，播种面积4 317.56万公顷，粮食总量约2 262.87亿斤，在不考虑粮食供需产品种类错位的情况下，也是仅能支撑粮食主销区约1 805.25亿斤的粮食缺口量，国内粮食供需"紧平衡"现象依然凸显。在人多地少和农业生态环境保护的双重约束下，耕地的保有量成为保障国家粮食生产安全的前提，各商品粮主产区必须完善并严格执行耕地保护制度，严守产区耕地当量红线。首先，必须划定永久性基本农田，严格执行基本农田"总量不减少、用途不改变、质量不下降"的保护制度，保证城镇化过程中土地的占补

平衡，严防建设挤占耕地。其次，可在中央的帮助下尝试建立耕地保护基金，对产区内承担耕地保护责任的农业合作组织、种粮大户和种粮散户进行补偿。再次，应在粮食补偿机制的大框架下建立农业生态补偿机制，并通过有效落实生态补偿机制对粮食生产的生态发展提供必要的政策支持和损失补偿，将粮食生产活动与生态保护结合起来。最后，应重点关注耕地承载能力和环境容量的匹配度，通过营造良性循环的农业生态环境，实现粮食生产的生态效益、农村经济效益及社会效益的协调统一，形成粮食生产可持续发展的长效机制。

2. 对耕地地质等级的内生依赖

《全国耕地地力调查与质量评价报告》的调查结果显示：东北区、内蒙古及长城沿线区、黄淮海区、黄土高原区及长江中下游区等几大粮食主产区的耕地总面积约为 12.96 亿亩，其中约有 43.36％的耕地是 4—6 等级耕地。国家"十四五"规划中曾经指出，用于农作物生产的耕地的基础地力平均每提高 1 个等级，粮食将增产 1 400 亿斤以上，由此可以看出，农业用地质量是粮食综合生产能力提升和粮食生产可持续发展的至关重要的因素。对各粮食主产区来说，耕地质量的提升需在国家大规模开展高标准农田建设提升耕地质量的总体思路下，针对自身实际情况和粮食生产的战略要求落实细化，重点突出，注重实效。

首先，应改造中低产田。积极推进区域内中低产田的改造，提升耕地质量等级，通过土壤改良、加强农业基础设施建设，全力将中低产田建成旱涝保收、高产稳产、节水增效的高标准农田，提高农田的粮食单产水平，实现提质增产。

其次，应推动全面落实永久基本农田特殊保护政策措施，各粮食主产区应采取深耕深松、保护性耕作、秸秆还田、增施有机肥、种植绿肥等土壤改良方式，增加土壤有机质，提升土壤肥力；应在条件允许的情况下积极推行耕地轮作休耕制度，减缓优质土层的流失，恢复土地生产力，保持和提升耕地土壤质量。

再次，应深入实施土壤污染防治行动计划。按照国家切实推进化肥农药减量增效的要求，各粮食主产区应普及和深化测土配方施肥，使用有机肥、生物肥料和绿肥种植等施肥方式；应推广高效、低毒、低残留农药、生物农药，推进病虫害统防统治和绿色防控；应加大重金属污染区耕地修复，并严格控制耕地周边的污染源，防止人为因素造成耕地质量等级下降。

又次，应加强耕地质量动态监测。各粮食主产区应切实开展以土壤养分、耕地等级变化和耕地污染状况为主要监测内容的耕地质量动态监测工作，逐步扩大监测范围，建立网络化的监测点，通过信息化技术及时获取和处理耕地质量变化数据，为耕地质量提升与管理提供实时有效的科学依据。

最后，应高度重视城市化发展过程中建设占用耕地的占补平衡问题，应以对现有耕地的提质改造和补改结合为前提，通过"以质抵量"和"异地保质"等方式紧守高质量耕地当量红线，稳固粮食综合生产能力提升的资源基础，抑制粮食净调出量的大幅波动。

3. 对高素质农民的内生依赖

农业现代化是保障粮食综合生产能力水平的核心动力，粮食生产机械化、科技化水平的不断提升已成为弱化耕地资源制约，实现粮食单产提高的重要途径。农民作为农业现代化的主体，其素质的高低直接影响着农业生产机械化和农业科技的应用与推广。各粮食主产区虽然农村劳动力比重相对较高，但具备现代农业技能的高素质农民均较为匮乏，要想通过科学种粮提升区域内粮食综合生产能力，进而实现粮食供给的稳定必须培育一批具有现代化农业生产技能的高素质农民。

首先，应激发农民主动参与职业培训的意愿，完善职业农民教育培训支持体系。各粮食主产区的政府及职业培训机构要积极引导，让农民逐渐从被动参与过渡到主动参与，实现农民培养队伍的规模化。其次，应根据实际情况，加大农民教育与培训的资金投入力度，实现农民培育与培训的制度化运行。再次，强调社会力量的参与，确保农民培训的开展与实施，形成多层次、高效率的高素质农民的教育与培训支持体系。同时在进行高素质农民培训时也应突出地区特色。各粮食主产区应依据粮食生产条件优势，在进行农民培训时要充分考虑农业知识和农业技术的适用性，由于地处平原地区耕地便于流转和规模化经营，可重点培养机械化耕作类的高素质农民。最后，应结合培训实际建立多层次的培训体系。各粮食主产区从事粮食生产的农民文化程度具有明显的层次性，对于不同层次的农民在进行培训时需要根据不同的文化背景和个人特质，有针对性地选择相应的农业技术知识。

（三）提升粮食综合生产能力的外生路径依赖

1. 对农业基础设施建设的外生依赖

作为粮食生产的重要保障条件，农业基础设施的建设水平对提升粮食产出能力、促进种粮农民增收和加快农业现代化有着十分深远的影响，为粮食综合生产能力提升提供强有力的基础保障条件。

首先，应加大农田水利基础设施的建设力度。配套和改造现有灌排设施，在有条件的地区适当扩大灌溉面积，推广渠道防渗、管道输水、在推广渠道防渗、管道输水、喷灌、滴灌等节水灌溉技术上，要根据实际条件逐步开展，注重将水肥一体化和涵养水分等农艺节水保墒技术一体化推进。根据各地的水资源情况，通过新建或改造水源工程，提升灌溉供水能力，扩大灌溉保障面积，加大对现有灌溉设施的维护力度，切实提高抗旱保灌和防涝排水能力。

其次，应扩展农村电网的覆盖范围，逐步完善农村电信基础设施。可采用政府和电力企业共同管理的模式扩大粮食产区的电网覆盖范围，为粮食生产电气化提供支持，在"互联网＋农业"的驱动下，各市、县需加快农村电信基础设施建设的步伐，为电子商务下的粮食生产提供支持。

最后，应完善农业气象监测站网，提升农业气象灾害监测能力。加强区域内农业灾害性天气预报预警与评估、农作物病虫害气象条件预报等工作，并针对不同地区、不同类型粮食作物开展农业气象跟踪和技术咨询服务，提高农业气象灾害防御能力。各地区农业自然灾害防护部门还要加强防旱抗涝和抵御冰雹的人工防御能力建设，完善人工增雨、排涝和防雹作业体系，提高人工影响天气作业及保障能力。

2. 对农业科技创新的外生依赖

在国家"十四五"规划的绿色发展理念引导下，国内的粮食生产将发起"第二次绿色革命"，粮食生产不仅要继续提高产量、改进品质，更要大幅减少农药、化肥的使用量，节省水资源，而这些目标的实现离不开先进农业科技的支撑。商品粮主产区作为国家粮食供给的重要力量，更需要科学种粮来提升粮食综合生产能力。科学种粮的关键在于科技创新能力的提升和农业创新成果的转化。

首先，应树立"实效优先"的农业科技创新观念。各粮食主产区的农业科技管理部门应加强对农业科技均衡性发展的引导，在粮食生产科技创新上应打破转基因育种技术为主要投资领域的困局，农业科技创新应以农业生态学为中心，综合多学科研究和实践，覆盖粮食作物育种、栽培、耕作、病虫害防治、测土配方、节水灌溉、防灾减灾保护性耕作技术和避灾技术、农业机械化技术，甚至农业产业链综合管理技术等多领域，形成完整的粮食生产科技创新体系。

其次，应优化农业科技创新体制。应以市场需求为导向，农业科技项目立项精准化、独立化，杜绝重复研究，反复投入研发资金；农业科技开发管理部门应不断完善项目考评和激励机制，兼顾公平和效益，针对农业教育科研、技术创新与技术推广区分层次、区分重点、区分关键、区分目标而形成相应的激励驱动机制，切实提高教育科研人员、技术创新人员和技术推广人员的内生动力，有差别地提升待遇水平，从而推动农业现代化科技的创新与推广；应积极引导，建立政府、社会机构及农业合作组织等多方参与的长效投入机制，鼓励个人或团队在农业科技领域进行深入研究，激发多方主体的积极性。

再次，应建立科技成果转化平台。各粮食主产区可按照利益共享、风险共担的原则，不断推进现代化农业科技成果转化及交易平台建设，充分发挥良种推广和农机推广对粮食单产的促进作用，保证粮食综合生产能力的有效提升。

最后，应做好基层农业技术推广服务。应构建起适合农业技术推广的科学体系，并将高等院校、科研院所、涉农企业和农业合作组织纳入农业技术推广体系中，强调政府的主导作用，全面推进并实现农业知识的普及和农业科技成果的转化；结合农业科技应用过程中的实际问题，深入田间进行指导，大力培养一批农村本土科技专家，实时为农民解决农业技术问题。

3. 对财政支农政策效率的外生依赖

自 2004 年以来，国家针对粮食产区先后实行了粮食直补、农资综合补贴、农机具购置补贴、良种补贴和最低粮食收购价等一系列补贴政策，并形成以粮食风险基金、中央财政性转移支付和中央财政专项补贴为主体的资金来源渠道，为粮食生产提供了坚实的保障。但随着国内粮食供需"紧平衡"现象愈加突出，"四补一价"等财政支农政策的运行效果不断弱化，行政成本过高、过度干预市场运行等问题严重制约了其实际执行效率。对于各商品粮主产区来说，财政支农政策效果的减弱，进一步加剧了地方财政的压力，制约了商品粮供给的可持续性。因此，各商品粮主产区要在中央财政支农政策优化改进的大框架下，结合地区的实际情况将各项政策落到实处，提高执行效率。

首先，应构建财政支农资金管理机制。应建立省、市、县各级政府为主体的财政支农资金管理机制，对国家财政转移支付、地方政府配套及其他渠道的支农资金进行统一规划、管理和监督。省级、市级政府可将资金的分配与使用权下放到县级政府，让县级政府根据县域农业发展计划进行自主支配，上级政府对其进行监管，并根据执行效果进行奖惩，提高资金使用效率。

其次，应完善财政支农资金管理制度。财政支农资金管理制度是财政支农政策的落实和运行的重要保障。财政支农政策落实的关键在于财政支农资金的系统化管理，而只有健全和完善资金计划、分配、使用、监管等各个环节的管理制度才能保证财政支农资金管理机制的有效运行。

最后，应推进粮食动态补偿机制的建立和实施。各粮食主产区的地方政府在合理使用财政支农资金的同时，还应积极推进粮食动态补偿机制的建立和实施，优化"四补一价"、产粮大省奖励、种粮大户奖励、产粮油大县奖励等补贴政策运行机制，扩大粮食目标价格试点范围，综合考量利益补偿的各相关要素，在现有补偿机制的基础上，扩大补偿主体和客体的范围，建立既相互独立又相互作用的粮食利益补偿机制、粮食生态补偿机制和粮食产业发展保护机制，形成一个立体的补偿体系，提高商品粮主产区种粮农民的收益水平，充分体现国家财政支农政策的优越性。

（四）提升粮食综合生产能力的多重相关路径依赖

1. 对农业生产供给侧结构性改革的依赖

根据 2017 年中央 1 号文件中关于推进农业供给侧结构性改革的总体要求，国内各粮食主产区应更加突出粮食供给体系质量和效率的提升和种粮农民受益的增加，进而为国内粮食供需关系实现更高水平的平衡提供有力支撑。因此，各粮食主产区应从调结构、提品质、去库存、降成本、补短板等角度入手，促进粮食供给侧结构性改革的实施。

首先，应合理调整粮食种植结构和产品结构，提升粮食产品品质。进一步优化小麦、稻谷、玉米和大豆等粮食作物的种植结构、产品结构和品质结构，结合产区内永久基本农田的划定，以粮食主产区和特色优势粮食产品为依托，在实施粮食生产适度规模化经营的地区科学合理划定稻谷、小麦、玉米和大豆等粮食作物生产功能区和保护区；积极开展粮食产品品质提升行动，完善优质粮食产品评价、购销、生产技术指导等保障体系，减少无效和低端的粮食产品供给，增加有效和中高端的粮食产品供给；深入实施粮食品牌战略，以地方粮食龙头企业、农业产业联盟和行业协会为依托，培养一批市场信誉度高、影响力大的粮油产品品牌。总之，各商品粮主产区要切实增强粮食产品供给和需求结构的匹配度、适应性，实现更高层次的粮食供需动态平衡。

其次，应完善粮食收储、购销制度，加快推动粮食"去库存"。针对当前国内粮食产品价格"天花板"压顶和生产成本"地板"抬升的双重制约，各粮食主产区需多方入手、积极施策。继续大力推行稻谷、小麦最低收购价政策，改革玉米收储制度，扩大大豆目标价格试点，逐步建立起以市场为主导、政府宏观调控为补充的粮食价格形成机制，使粮食价格能够真正反映市场的实际供求。充分发挥全国粮食统一竞价交易系统作用，在对库存粮食的结构、品质进行如实统计的基础上，挖掘市场需求，灵活运用定向销售、竞价销售等多种方式出售库存粮食，提高收储粮食的整体质量。鼓励专业合作社、家庭农场、种粮大户等新型农业经营主体与粮食收储加工企业开展"订单粮食"，通过签订粮食收购合同，形成粮食产业链上的利益共同体。落实粮食安全省长责任制，形成省、市、县人民政府逐级推动的，粮食加工、收购企业等多元主体积极参与收购的粮食流通新格局，加快超存粮食总量的缩减。

再次，应有效控制粮食生产成本、流通成本和营销成本。在生产成本控制方面，应加大农技推广力度，推进科学种粮，控制农药、化肥的使用量，通过提高机械化耕作水平，降低经营性要素的投入成本。在粮食流通成本控制方面，可充分发挥粮食产销区互助的优势，与粮食调入区的粮食购销企业合作，搭建跨区域粮食物流链，在产区共同建立粮食收储仓库，完善粮食仓储设施，减少损失。在营销成本控制方面，可通过进一步完善粮食销售的社会化服务功能，引入"互联网＋营销"的模式，建立起更为顺畅粮食购销信息交互渠道。

最后，应全力弥补粮食生产的薄弱环节。在稳定粮食产出的基础上逐步优化各粮食主产区的农业生态环境，加强耕地、水等粮食生产资源的保护和高效利用，实现绿色生产；积极寻求财政、金融机构等多方的资金支持，提升农业基础设施和粮食生产机械装备的现代化水平，强化粮食生产外部要素的保障能力；依托商品粮主产区的粮食资源优势，通过促进化工、医药、保健等领域所需粮食精深加工技术的开发和转化，形成具有竞争力的粮食产业链体系，实现粮食资源的高效利用和提质增效。

2. 对粮食生产全要素生产率的依赖

提高粮食全要素生产率通常有两种途径，通过农业技术进步实现粮食生产效率的提高，通过粮食生产投入要素的重新组合实现配置效率的提高，即通过政策保障、体制优化及组织管理改善等粮食生产投入要素之外因素施加影响推动效率提高。各粮食主产区目前依然是以粗放式粮食生产方式为主，即过度依赖农药和化肥等投入，没有转变为粮食生产精细化，即以全要素生产率的增长推动粮食产量增长的模式。因此，各粮食主产区必须积极探索通过提高粮食全要素生产率的方式促进粮食综合生产能力的提升。

首先，应合理调整优化粮食生产投入要素。在深入了解地区内粮食生产所需的自然资源、基础设施、支持政策和农业科学技术等要素实际投入情况的基础上，稳定自然资源的投入水平，重点推进农业基础设施建设和农业科学技术创新及推广，积极争取相应的政策保障，将依靠粮食生产支撑条件的不断完善和农业科学技术转化能力的不断提升，作为提高粮食全要素生产率的主要途径。

其次，应提高粮食生产技术的扩散效率。粮食生产技术的扩散效率直接影响着粮食生产综合技术效率水平的高低。因此，鼓励地区内的粮食生产经营主体科学种粮，不断提高自身的科技知识水平和技术应用效率，因地制宜适度推动各地区粮食生产的规模化。

再次，应加强粮食生产技术开发力度。在深入分析各地区粮食生产生态环境条件、适种粮食作物类型和经济发展水平地区差异性特征的基础上，加大粮食生产中粮食作物耐旱、抗涝、抗病虫害技术的开发及扩散，并因地制宜地引入和推广现代化粮食生产技术，有针对性地提升粮食生产技术效率。

最后，应进一步完善粮食生产政策支持体系。充分发挥国家及地方的各项粮食生产政策的保障作用，推动粮食生产的可持续发展，依靠科技实现尽可能少的水资源、能源、耕地、化肥、农药和劳动力等投入，发展精细农业，兼顾粮食数量和品质安全，实现粮食生产经济效益、生态效益和社会效益的最大化。

3. 对粮食生产全球化战略的依赖

面对国内粮食生产基础资源要素短缺、粮食供需结构性失衡的严峻形势，实施粮食生产全球化战略有效利用国内国际两个市场、两种资源成为解决问题的关键。因此，在中央政府的统筹规划下，积极引导龙头企业参与粮食生产全球化战略的实施，不断探索和完善粮食生产"走出去"战略。

首先，应引导企业形成合理的粮食生产对外投资思路。各粮食主产区的龙头企业应在政府的扶持下尽量选择直接投资和订单生产的形式进行投资，并争取升级到技术、标准和技能转让的层次；"走出去"企业的直接投资应从粮食生产环节逐步扩展，向流通、加工等环节延伸，以国家为支撑平台，在国外建设物流仓储设施；应以国家"一带一路"倡议沿线及周边国家和地区为重点，形成覆盖周边、非洲、拉美、西方四大地域的粮食生产对外直接投资区域布局。

其次，应扶持和培养区域性大型粮食企业。通过深化区域性国有粮食企业的所有制改革，组建集粮食生产、仓储、物流、加工、贸易于一体的综合性企业集团，积极参与国际粮食分工和产业链再造；着力培养一批在粮食生产、加工和贸易等产业链不同环节的龙头企业，尤其是具备"高精尖"粮食生产加工技术的科技服务型企业，并在中央政府和地方政府的促进下与大型国有粮企合作，形成粮食生产全球化发展的合力。

最后，应不断完善促进境外粮食生产投资与合作的配套政策和措施。对参与粮食生产境外投资的企业，在粮食进口配额、进口经营权等方面优先给予配套支持；完善税收优惠政策，积极探索和研究符合WTO规则的其他税收优惠政策，避免企业承担双重税负；完善农业"走出去"公共信息服务平台，建立农业"走出去"企业信用评价体系和信息统计调查制度；建立符合中国国情的境外农业投资合作保险制度，充分发挥政策性保险的主导作用，有效调动商业保险的积极性，为境外粮食生产直接投资企业提供发展保障。

总之，参与中国农业"走出去"的战略实施的粮食企业，应注重争取双赢和多赢的格局，实现保障国家粮食安全及提升国际竞争力的双重目标。

三、农业基础设施促进粮食增产提效路径的仿真模拟

基于各粮食主产区粮食综合生产能力提升的路径依赖，本部分引入系统动力学模型，通过研究发现，粮食主产区粮食综合生产能力提升路径的选择是为了解决社会经济系统中的策略决策问题，故本部分以黄淮海粮食主产区为例，运用系统动力学模型对该粮食主产区粮食综合生产能力提升路径的效果进行仿真模拟，即利用系统动力学对提升粮食综合生产能力的路径效果进行近似分析。

（一）系统动力学简介

系统动力学是一种以反馈控制理论为基础，将定性分析与定量分析相结合，即通过定性分析理清所研究问题的内部结构关系，通过定量分析在相应数据的支撑下推导出所研究问题内部变量之间存在的耦合关系，在此基础上，运用计算机仿真技术研究动态的、复杂的社会系统行为的方法。在实践过程中，系统动力学可以作为"政策实验室"，对复杂反馈系统、社会经济系统中的策

略决策问题进行仿真实验模拟，以解决短期内无法利用真实实验进行检验的相关选择效果。其主要研究对象为开放状态下的社会系统，并针对社会系统复杂的动态反馈性，通过综合整理和预测，提供具有长期效力的发展策略，提出具有科学性、代表性、具体化且有针对性的对策建议。由于系统动力学仿真模拟的有效性，其长期被应用于自然科学和社会科学的各个不同领域。

（二）系统动力学建模步骤

在利用系统动力学进行问题研究过程中，从总体而言，模型的构建步骤为系统分析、结构分析、建立因果关系图、建立因果关系流图、设定相应的计算方程及参数、运用模型对所需研究的问题进行仿真模拟。同时，在运用所构建的系统动力学模型进行检验前，需要对所构建的模型进行检验，验证所构建的模型的有效性及与现实拟合程度。具体而言，系统动力学建模步骤如下：

首先，明确模型构建的目的。结合所研究的社会系统需要解决的主要问题及问题解决后所实现的现实意义，确定系统动力学模型构建的目的。

其次，明确模型构建的边界。在明确模型构建的目的、模型构建需要解决的主要问题，并对其进行系统分析的基础上，采取定性分析的研究方法，分析所要解决的问题中各组成要素、变量间的耦合关系和相关性，保留对系统特性研究有重要影响的代表性变量和代表性因素。在具体研究过程中，根据变量的属性不同，一般将变量分为状态变量、速率变量、辅助变量和常量。

再次，建立系统动力学模型。建立符合要求的因果关系图和流图，基于所建立的系统动力学因果关系图和系统动力学流图，运用线性回归分析等数学方法，对所需要的数据进行全面的分析和整理，确定所涉及的、在模型边界内的变量之间的数学关系，并以此为基础，对各参数进行有效的估计。通过对所涉及的模型边界内的变量的分析，所需方程类型如下：

水平方程 L：$LK = LJ + (\sum RJK_{in} - \sum RJK_{out}) \times DT$ $\qquad$ （6-1）

速率方程 R：$R = f(L, Constant)$ $\qquad\qquad\qquad$ （6-2）

辅助方程 A：具有实际意义的速率方程的子方程，能有效描述相关的自然规律或决策过程。

又次，模型合理性和真实性检验。在运用所构建的模型进行仿真模拟前，需要对所构建的用于仿真模拟的模型的合理性和真实性进行检验。若通过模型的模拟运行，所选取的用于模型检验的变量的模拟运行值与真实值的误差率小于5%的总数在70%以上，且不存在误差率大于10%的变量，则认为模型通过了合理性和真实性检验；反之，需要对所构建的模型的结构、参数等方面进行调整，确保模型的稳定性和合理性。

最后，模型的应用。运用所构建的系统动力学模型对所研究的问题进行仿真模拟，从而提供具有建设性的发展情况预测和发展策略。

（三）农业基础设施促进粮食综合生产能力提升路径仿真模型的构建

本部分所建立的粮食主产区的粮食综合生产能力提升路径效果系统动力仿真学模型，将主要以前面章节中的多重相关路径依赖作为宏观背景，探讨内生路径和外生路径选择的有效性。

第一，确定建模的目的。本部分建立系统动力学仿真模型，目的是通过模型仿真模拟，检验所选择的各粮食主产区粮食综合生产能力提升路径在实施过程中能否实现路径选择初期所设定的实现粮食增产、粮食生产效率提升、农民增收、商品粮净调出量增加、农业可持续发展的目标，解决所选择的粮食主产区粮食综合生产能力提升路径的合理性问题。

第二，确定建模的边界。本部分以东北地区、内蒙古自治区及长城沿线地区、黄淮海地区、黄土高原地区及长江中下游地区等几大粮食主产区的粮食综合生产能力提升路径为研究对象，在充分考虑系统动力学建模规律、粮食综合生产能力提升的内在规律的前提，从空间、时间两方面出发，确定建模的边界。空间边界为各粮食主产区，时间边界为2000—2021年，相关历史数据主要来自各类统计年鉴，并采用专家打分、数学分析等方法对无法从统计年鉴中获取的数据进行估算。同时，由于粮食综合生产能力的提升涉及多个因素，难以将所有粮食综合生产能力提升的现实情况完全再现，故在进行各粮食主产区粮食综合生产能力提升路径效果系统动力学模型建立时，应最大限度提炼有效因素，建立既能简化说明问题，又能达到仿真模拟效果的系统动力学模型。因此，可以看出，粮食综合生产能力提升路径效果系统动力学模型是在最大限度地符合现实情况的基础上，对主要效果的高度总结和概括。

第三，确定模型因果回路图。通过对所研究对象变量之间的因果关系、变量之间的反馈机制的梳理和分析，利用系统动力学软件对粮食综合生产能力提升路径效果SD模型的因果回路图进行分析，形成具有多重反馈的粮食综合生产能力提升路径效果因果关系，如图6-3所示。

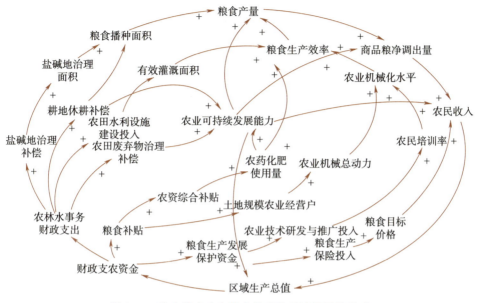

图 6-3　粮食综合生产能力提升路径效果因果关系

第四，模型流图。在所构建的粮食综合生产能力提升路径效果因果关系图的基础上，建立粮食综合生产能力提升路径效果流图，实现定量分析。粮食综合生产能力提升路径效果流图，即粮食综合生产能力提升路径效果系统动力学模型，如图 6-4 所示。

第五，模型变量分析。根据模型构建的目的和边界界定中对粮食综合生产能力提升效果系统动力学模型的变量进行分类，模型中所涉及的变量具体分类情况如下：粮食产量、农民收入、农业可持续发展水平作为状态变量，粮食增产率、农民收入增长率、农业可持续发展因子作为速率变量，财政支农资金、农林水事务财政支出、盐碱地治理补偿、盐碱地治理面积、粮食播种面积、耕地休耕补偿、农田水利设施建设投入、农田废弃物治理补偿、有效灌溉面积、粮食生产效率、粮食补贴、粮食目标价格、农资综合补贴、农药化肥使用量、商品粮净调出量、土地规模、农业经营户农业机械化水平、农业机械总动力、农民培训率、粮食生产发展保护资金、粮食生产保险投入、农业技术研发与推广投入、区域生产总值作为辅助变量；将所研究的期限内，变化较小或几乎无变化的系统参数作为常量。

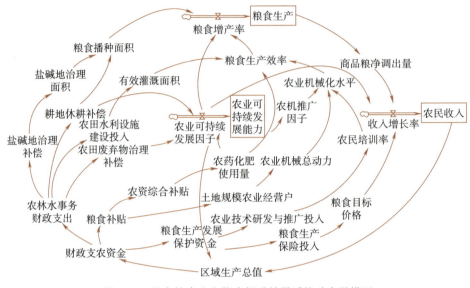

图6-4　粮食综合生产能力提升效果系统动力学模型

（四）农业基础设施促进粮食综合生产能力提升路径仿真模型的检验

由于模型在对实际问题的研究过程中，仅为对实际情况高度抽象、概括和近似地表达，因此，需要对所构建的模型的真实性、有效性、可信度进行检验，通过模型有效性检验全面描述所构建的模型的有效性。

本部分运用相对误差法 $e_{it} = \dfrac{(y_{it} - y'_{it})}{y'_{it}}$ 对所构建的系统动力学模型进行检验，即将模型的模拟运行得到的预测值与真实数据进行比较和相对误差分析，一般认为模型模拟运行的结果与真实数据的误差在5％以内的变量数量在70％以上，且每个变量的模拟运行结果与真实数据的误差不超过10％时，所构建的模型具有较好的拟合优度，所构建的模型较为理想，可以运用此模型对现实问题进行仿真模拟和预测；反之，若模型的模拟运行得到的预测值与真实数据误差较大，则模型的拟合优度较差，在进行现实问题的仿真模拟前需要对所构建的模型进行优化处理，直到所构建的模型可以准确地反映客观事实。选取黄淮海粮食主产区具有代表性的粮食产量、农民人均可支配收入、有效灌溉面积、农药化肥使用量、农业机械总动力5个变量，进行仿真数据与真实数据间的误差分析和比较，具体的误差检验结果如表6-1所示。

表 6 - 1　2016—2020 年变量的模拟运行结果及相对误差

变量		2016 年	2017 年	2018 年	2019 年	2020 年
粮食产量	实际数据（万吨）	23 370.64	23 611.71	23 580.64	23 803.81	24 075.49
	模型结果（万吨）	23 286.51	23 389.76	23 396.71	23 694.31	23 981.60
	相对误差（%）	0.36	0.94	0.78	0.46	0.39
农民人均可支配收入	实际数据（元）	15 611.71	16 946.86	18 365.00	20 019.29	21 137.57
	模型结果（元）	15 452.47	16 790.95	18 311.74	19 867.14	20 962.13
	相对误差（%）	1.02	0.92	0.29	0.76	0.83
有效灌溉面积	实际数据（千公顷）	23 788.34	23 997.48	24 149.46	24 282.80	24 468.69
	模型结果（千公顷）	23 676.53	24 184.66	23 905.55	24 197.81	24 329.22
	相对误差（%）	0.47	−0.78	1.01	0.35	0.57
农用化肥使用量	实际数据（万吨）	2 174.24	2 117.79	2 054.03	1 965.97	1 906.57
	模型结果（万吨）	2 155.10	2 107.84	2 036.37	1 976.59	1 893.79
	相对误差（%）	0.88	0.47	0.86	−0.54	0.67
农业机械总动力	实际数据（万千瓦）	39 443.04	39 665.38	40 361.03	41 112.63	41 892.73
	模型结果（万千瓦）	39 277.38	39 379.79	40 017.96	40 927.62	41 561.78
	相对误差（%）	0.42	0.72	0.85	0.45	0.79

　　如表 6 - 1 所示，所选择的 5 个代表性变量，其仿真数据与真实数据之间的误差均满足模型误差要求，即相对误差均在 5% 以内，所构建的模型能够通过检验。因此，可以运用所构建的粮食综合生产能力提升路径效果系统动力学模型对所选择的路径实施效果进行仿真模拟和预测。

（五）农业基础设施促进粮食综合生产能力提升路径仿真模拟

　　运用系统动力学模型对所选择的粮食综合生产能力提升路径实施效果进行仿真模拟，以 2020 年为现状年，模拟步长为 1 年，模拟在粮食综合生产能力提升路径运行的情况下，到 2025 年黄淮海粮食主产区粮食产量、农民收入、粮食生产效率、粮食净调出量、农业可持续发展能力的变化情况和变化趋势，如图 6 - 5 至图 6 - 9 所示。

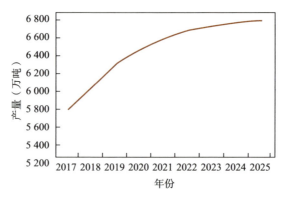

图 6-5　2017—2025 年粮食产量模拟情况

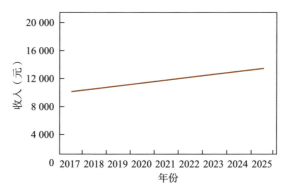

图 6-6　2017—2025 年农民收入模拟情况

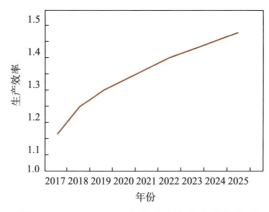

图 6-7　2017—2025 年粮食生产效率模拟情况

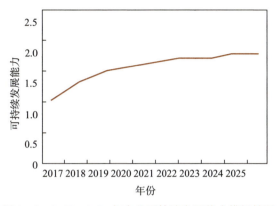

图 6-8　2017—2025 年农业可持续发展能力模拟情况

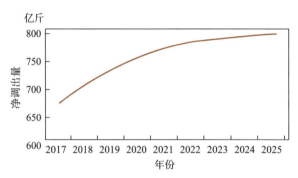

图 6-9　2017—2025 年粮食净调出量模拟情况

（六）结果分析

通过建立粮食主产区粮食综合生产能力提升效果系统动力学模型，并运用所建立的粮食综合生产能力提升效果系统动力学模型进行仿真模拟运行，以 2020 年为基年，探讨到 2025 年粮食产量、农民收入、粮食生产效率、粮食净调出量、农业可持续发展水平的变化情况，从模型仿真模拟运行的结果可以看出，在观测期内，上述五个变量的模拟变化情况均呈现出逐年递增的趋势。因此，本部分所选择的农业基础设施建设促进粮食综合生产能力提升的路径效果模拟趋势较好，能够实现粮食综合生产能力的表征变量增长，进而实现促进粮食综合生产能力提升的预期目标，在理论上是可行的。

第七章
粮食安全战略下农业基础设施建设促进粮食生产的保障措施

目前，各粮食主产区的农业基础设施供给数量与质量呈现良好发展态势，但农业基础设施供给的地区差距较明显，尽管中部地区、西部地区农业基础设施供给数量、总量及新增农业基础设施供给数量、年均增长率比东部地区高，但就农业基础设施资本存量绝对值而言，中部地区、西部地区与东部地区相比仍存在较大差距。故应采取适当的政策保障措施保障农业基础设施供给数量与质量的良好发展，同时也应积极缩小农业基础设施的地区差异，改变农业基础设施供给效率较低、供给质量较差以及地区间配置结构不合理等现象。

第一节　粮食安全战略下农业基础设施建设促进粮食生产的制度保障

更加健全的国家支农政策体系、强大的国民经济实力以及逐步完善的市场经济体制都为我国农业基础设施建设提供了体制保障和物质基础，而旧体制的惯性延续，村民自治与政府的宏观调控尚未达到良性互动，基础设施建设水平低、基础差，都会在无形中成为限制我国农业基础设施建设、我国粮食生产增产提效的瓶颈。故应加快制度创新和运行管理创新，为新战略背景下我国农业基础设施建设促进粮食增产提供制度保障。

一、落实省长负责制度，探索农业基础设施建设的政策支撑

各粮食主产区的地方政府应建立粮食生产领导机构，切实落实并推行粮食省长负责制。政府行政主要负责人应承担起稳定粮食生产，巩固和提高粮食综合生产能力，落实和完善粮食扶持政策，抓好粮食购销，全面推进粮食流通，

保护农民种粮积极性；深化地方国有粮食企业改革，增强企业粮食安全服务功能；实施粮食收储供应安全保障工程，全面加强粮食流通能力建设；健全粮食质量安全保障体系，确保粮食质量安全；严格落实地方粮食（含食用植物油）储备，完善区域粮食市场调控体系和机制，维护粮食市场稳定；落实市场监管责任，维护粮食市场秩序；推进节粮减损，引导城乡居民健康消费的主要责任。

二、完善村民自治制度，规范农业基础设施建设流程

进一步完善村民委员会制度和乡、镇人民代表大会制度，为农业基础设施建设促进粮食增产提供基层政策保障。村民委员会是村民选举产生的群众性自治组织，是村民自我管理、自我教育、自我服务的基层群众性自治组织，其在办理本村的公共事务和公益事业，调解民间纠纷，协助维护社会治安，向人民政府反映村民的意见、要求和提出建议方面发挥着重要的作用。乡、镇人民代表大会是我国人民代表大会制度的重要内容之一，是最基层的地方国家权力机关，其代表人民群众对本辖区内经济建设和社会事业发展的重大事项作出决策。因此，应该进一步完善村民委员会制度和乡、镇人民代表大会制度，切实考虑、反映农民的需求和利益，真正由全体农民或农民代表采用民主投票的方式来确定财政资金的使用方向。同时，为了提高决策的科学化程度，对于范围涉及较大的农村基础设施建设，在决策时也应充分考虑专家学者的意见，应建立农村基础设施建设的专家听证制度，将农民需求与专家意见相结合，并在此基础上由本级人民代表大会决策。

三、完善"一事一议"制度，科学决策农业基础设施日常事宜

"一事一议"制度虽然对农村基础设施建设有着重要的现实意义，但目前还是存在很多缺陷，故应进一步简化程序，方便农民议事。应根据每个村的实际情况，制定出农民群众认可的村内议事、申报审批、征缴管理等操作程序，出席会议的2/3或者3/4以上的村民代表同意即可通过。总的来说，可以从下面几个层次来表述：①对基础设施建设的文件和政策进行透彻解读和严格的贯彻落实，保证其贯彻实施的力度；②立足当地经济发展的实际情况，尊重文化差异性，对农业基础设施建设的制度安排要与文化背景形成有机融合，制度的制定是为了促进当地经济和文化的发展；③在制度制定完成以后，也要在实施

机制上下足功夫，以使好的制度能够贯彻落实到位，切实提高效率，促进基础设施建设的顺利开展。

四、完善分级管理制度，完善农业基础设施管理体系

为了保证农业基础设施工程顺利实施，在管理方式上可以进行创新，进行灵活调整，其中分级管理的办法在运营中取得了不错的成效。故在管理中要秉持产权明确、建设权和经营权有机结合的准则，充分考虑农业基础设施的特殊性，对其管理和法人主体进行科学判断。渠道、提灌站等由村或农民用水户协会进行管理，更要肩负起维修事宜，例如，应对用水、计费等进行监控和科学规划，制定用水规章制度和管理制度，每条斗渠在春灌放水期间确定 1～2 名专兼职放水管理员负责放水、送水、关水。水管理单位按水费计收情况返还一定比例的水费，用于工程维护、管理等支出。再如，在机耕农田的实际生产中，应采取多种方式进行管理和运营，比如租赁、承包、经营权的拍卖等，这些都能在更大程度上促进管理方式的多样化。承包人和实际的经营者要承担起日常的维修工作。各级政府应根据中央颁布的政策，承担起对农业基础设施进行严格管理和及时监督的职责，应把日常管理纳入规范化轨道，尤其注意对设施病险进行管理和检测，确保安全。

第二节　粮食安全战略下农业基础设施建设促进粮食生产的组织保障

一、完善农业基础设施建设的产业融合配套体系

积极推动商品粮主产区一二三产业融合发展。早在 2017 年，农业部就印发了《关于支持创建农村一二三产业融合发展先导区的意见》。《意见》中明确指出，应大力支持各地培育、打造和创建农村一二三产业融合发展先导区，做大做强支柱产业和融合发展各类经营主体。各粮食主产区应立足生态条件和市场需求，调整优化农业产业结构、农产品结构和产品层次，建设标准化的农业发展体系，积极争取有利的农产品产地初级化加工的补偿政策，支持农产品加工技术研发与转化推广，鼓励农产品加工骨干企业与大专院校、科研院所联合组建科学创新转化平台，实施"互联网＋现代农业"计划，大力发展农村电子商务，打造粮食主产区农产品电商平台，构建依托互联网的新型农业生产经营

体系，促进智能化农业、精准农业发展，为各粮食主产区农业基础设施的建设、粮食综合生产能力的提升提供有力支撑。

二、构建农业基础设施建设的生态环境保护体系

各粮食主产区应采取积极措施对农业环境进行监测，使良好的农业生态环境成为促进粮食主产区综合生产能力提升的基本性保障。在实践过程中，首先应制定系统地保护农业生态环境的相关制度。如对农产品种植和生产基地进行有害物质及农产品残留进行监测，对污染物质统一标准、统一处理，不得随意丢弃、掩埋和焚烧废旧地膜；耕地的灌溉用水应当符合水质标准和用水效率的要求；未经处理的农业废弃物，如肥料垃圾、兽禽粪便等一律不允许排放入耕地；强化对黑土地的综合治理，对生态脆弱地区的耕地采取植被保护、建设防风固沙林网等措施进行保护。此外，应根据不同产品种植及生产情况制定相应的监测标准，并建立专管部门，合理安置环保监察员，及时了解农业环境的变化状况，为粮食主产区综合生产能力提升、农业基础设施建设提供环境保护。

三、完善农业基础设施建设的监督管理体系

应完善各粮食主产区农业基础设施建设投融资资金运作、投资建设及项目运营等动态监督机制。当前，我国行政管理部门在监督和监管农业的基础设施的建设方面还存在许多地方亟须改善。比如很多相关的监管规定和条例没有提升到法律的高度，导致政府部门在执行监管职能时无法找到明确的法律依据；此外，政府部门之间出现职能缺失或职能重叠的现象，这样会引起行政部门的不作为或者相互推诿的现象；在水利水电工程管理上缺乏一定专业性的监督，导致一些农业基础设施项目没有发挥最大的利用价值或因使用不合理而导致使用寿命缩短；监管部门在进行监管时缺乏对民众意见的采纳，导致个别工程项目因故障没有及时得到反馈信息而无人问津，工程直接遭到弃用，造成农业基础设施建设的无谓损失等。故应建立农业基础设施建设投融资资金运作、投资建设及项目运营等动态监管体系，各级监管主体应加大改革力度，通过政府的监督管理手段，对监督管理的行政效率加以巩固。

因此，应加强农业基础设施建设的监管力度，应根据不同地区的不同情况因地制宜地制定相关的监管制度，结合当地人文、经济、环境等问题制定适合当地的有效监管制度；应逐步改善政府在农业基础设施建设方面的监管机制，

应逐步减少政府的行政干预，改变原来的政府主导模式，实现政企分离；应合理调配农业的基础设施建设，对市场上的供给加强监管，避免出现市场盲目供给，在保证效率的前提下，确保广大的人民群众可以从中真正获益；监管部门还需在提高管理水平上下功夫，提高其监管的专业性；应抓好农业的基础设施建设的投资管理机制，促进政府在投资和工程管理方式上的改革，充分发挥基础设施建设的投资效益，同时还应加强在工程预决算方面的审计合法与合规性，对建设资金拨付和工程建设的速度及工程的质量进行精准评估与考核，加强对基础设施建设资金的使用监管和监控；同时还应依照有关的法律法规严格执法，并加大处罚力度，使违法者不敢轻易触犯条例和规章，真正做到管有依据、罚有力度、惩有程序。也应加强社会监督机制的完善，建立实时有效的举报渠道，对于群众或媒体的举报及建议应给予有效回应。

第三节　粮食安全战略下农业基础设施建设促进粮食生产的措施保障

提升农业基础设施供给应正确处理供给数量、供给质量、供给效率、供给公平性等之间的关系。农业基础设施供给的目标是以最小的投入获得既定数量与质量的农业基础设施，同时兼顾供给的公平性，其中供给数量是基础，供给质量是关键，供给效率是核心，供给公平性是保障，四者缺一不可。

一、构建农业基础设施供给的多中心协同治理机制

通过构建农业基础设施供给的多中心协同治理机制使各供给主体在各司其职的同时能够有序合作，以提升农业基础设施供给绩效，为农业生产高效运行提供物质保障，最终保障国家粮食安全，实现农业增产、农民增收。纯公共物品属性的农业基础设施的供给主体是中央政府，公共池塘物品属性的农业基础设施供给主体是地方各级政府，纯公共物品及公共池塘物品属性的农业基础设施的主要供给方式是机构型供给，机构型供给产生的互相推诿、多头管理、效率低下等问题可以通过成立专委会实现科层制协同。正外部性强的俱乐部物品属性的农业基础设施应以政府为供给主体，正外部性较弱的俱乐部物品属性的农业基础设施应以市场为供给主体，俱乐部物品属性的农业基础设施的主要供给方式是政府与企业联合供给，政府与市场可以通过公私协同实现农业基础设

施的有效供给。村庄范围的公共池塘物品属性的农业基础设施，政府与农民自身是供给主体，可以通过政府与农民联合供给或农民自治供给方式实现供给，通过战略性协同、沟通性协同实现村庄范围农业基础设施的有效供给，受益范围为村民小组或几户的农业基础设施以农民自治供给为主，通过沟通性协同使农户能顺利实现合作供给。私人物品属性的农业基础设施可以完全由企业供给或农户自己供给，以实现资源的最优配置。

二、加大落后地区农业基础设施投入，缩小供给差距

农业基础设施具有公共物品属性，私人难以提供，而市场经济改革后，政府提供农业基础设施的能力显著减弱，因此，应重塑政府在农业基础设施供给中的主导作用，提升供给绩效。应深化财政体制改革，建立事权和支出责任相适应的制度。适度加强中央事权和支出责任，中央出台增支政策形成的地方财力缺口，原则上通过一般性转移支付调节，逐步取消地方资金配套。对于那些地方政府不具备供给优势的公共产品，中央政府应承担主要责任，以确保地方政府财政用到更有优势的地方。在农业基础设施供给中，地方政府特别是基层政府更具信息优势，中央政府应加大对农业基础设施建设的专项转移支付力度。

中央政府在制定政策时，应根据地区的实际情况区别对待，现阶段应解决好西部地区县、乡镇财政困难问题。应建立规范的转移支付制度，平衡地区间财政供给农业基础设施能力上的差异，从宏观层面提升农业基础设施的供给绩效。在我国取消农业税以后，许多县、乡镇基层财政面临资金困境，有限的财政资金必须维持政府运转，供给农业基础设施的投入不足并呈现下降趋势。中央政府应进一步加大对西部省份转移支付的力度，特别是加大专项用于农业基础设施的转移支付的力度。国家农业基础设施投资应重点向中、西部地区倾斜，特别是向西部地区倾斜，以缩小农业基础设施供给的区域间差距。在制定农业基础设施供给的相关政策时不能只重视结果，对农业产出多、粮食产量高的省份投入更多，当然为了确保粮食安全有针对性地投入粮食产量高的地方是合理的，但也要兼顾农业从业人员多、耕地面积大的地方，让它们能获得满足其农业生产需求的农业基础设施，避免出现马太效应，避免农业生产条件好、经济发达地方农业基础设施越来越好，而农业生产条件差的地方农业基础设施越来越差。

三、强化需求表达及监督机制，提高农业基础设施供给质量

从农村和农业经营主体的实际需要出发，建立充分体现农民需求的偏好显示机制和自下而上的农业基础设施供给决策机制，确保农业基础设施供给与需求一致，供给农民需要的、质量有保障的农业基础设施。要构建这样的机制，必须强化信息披露，减少信息不对称性，让农民更准确地掌握农业基础设施建设的相关信息，从而提供有价值的意见和建议。同时应提高农业经营主体的组织化程度，建立起真正能代表农业经营主体利益、能有效表达其需求的农民合作组织。通过农民合作组织向政府表达农业经营主体的真实需求，同时监督政府对相关资金的使用，使农业基础设施供给质量得到提高。在政府未重视农业经营主体需求的情况下，农民合作组织应与政府沟通，通过沟通保护农业经营主体利益，表达农业经营主体需求。

在提高农田水利设施供给质量方面，应尽快消除水库安全隐患，恢复防洪库容，推进大中型病险水闸除险加固力度，加固堤岸，清淤疏浚，使治理河段基本达到国家防洪标准，减轻洪涝灾害的危害。应优化农业基础设施结构，在西部地区与华北平原着重建设储存水源的水利设施，确保在干旱时能获得灌溉水源。应加大井灌区的节水改造力度，在主要依靠机井抽取地下水灌溉的干旱缺水地区（如西部地区、华北平原）大力推广喷灌、滴灌、微灌、管道灌溉和渠道防渗等节水灌溉技术，扩大节水灌溉面积，提高农业灌溉用水的利用效率，以提高农业抗旱能力。应提供有效的制度安排，农田水利设施减灾效果的发挥也离不开有效的制度安排，只有在完善的硬件基础设施的基础上，有效组织与利用农田水利设施才能有效减灾。

四、加强管理，提升农业基础设施供给效率

农业基础设施供给效率区域差异大，特别是取消农业税后，西部地区农业基础设施供给效率较低，因此应继续加大对中、西部地区特别是西部欠发达地区的农业基础设施投入力度，以获得规模经济带来的效率提升。应加大财政支农中用于农业基础设施的支出，同时提高财政支农资金的使用效率，财政资金的使用一定要伴随着更严格的财政监督措施，以防止由此可能带来的效率损失。

加强管理与监督提升农业基础设施供给效率。要提高农业基础设施供给效

率，应加强对农业基础设施管理机构的管理，逐步改革现有的多部门管理体制，使农业基础设施利用政府资金的管理权相对集中，形成专业化的农业基础设施管理机构，并且合理设置农业基础设施管理部门的组织结构，逐步健全完善农业基础设施管理部门的管理职能。建立信息的公开化和透明化机制，改革当前农业基础设施资金管理方式，增加投资项目决策、实施过程的透明度，减少决策失误和人为因素的影响，使投资决策程序化、公开化和规范化，提高资金投入的使用效率。财政部门作为农业基础设施资金的管理部门，要委托审计部门严格控制资金运行整个流程，充分发挥监管职能，并通过将项目单位内部监督、审计监督和财政监督相结合，日常监管和专项检查相结合，做好事前、事中、事后的监督检查，一旦发现截留、挪用问题，就按照政策法规的规定严肃处理。

五、鼓励农地流转，促进农业基础设施供给的集体行动

村庄中经营农业的成员间存在异质性，不利于农业基础设施供给这一集体行动的形成，而农地流转能减少村庄中经营农业的成员数量。因此，应鼓励村庄农地流转。应鼓励有条件的村庄有序稳定流转农地，健全土地承包经营权登记制度，推进土地承包经营权确权登记颁证工作，为农地流转创造良好的政策环境。可以创新农地流转的方式，加快农地经营权流转的市场和平台建设，减少农地流转的中间环节，降低农地流转成本，在此基础上监督流转农地的用途，使专业大户、农业企业、农民专业合作社流转的农地真正用于农业生产。在村庄农地流转的情况下，村庄中的成员有积极性自己供给或向政府申请项目供给农业基础设施，使得村庄农业基础设施供给绩效得以提升。同时，改变以兼业农户为主导的成员结构，鼓励农地经营规模较大的专业农户、农民专业合作社等新型农业经营主体的发展，打破农业基础设施供给低水平的均衡，出现能从农业基础设施供给中获得较大收益的成员才能促成集体行动。有关部门应创造良好的政策和法律环境，采取奖励补助等多种办法，扶持联户经营、专业大户、家庭农场，为新型农业经营主体发展提供配套措施，充分利用各类培训资源，加大专业大户、家庭农场经营者培训力度，提高他们的生产技能和经营管理水平，使新型农业经营主体能在政策的支持下，利用规模及技术优势、管理才能获得较高利润。只有从农业生产经营中获得较高利润，新型农业经营主体才有能力对农业基础设施进行投资，村庄农业基础设施供给绩效才能得以提

升。也应在取消农业税、"两工"等强制性措施的情况下，充分发挥村委会在农业基础设施供给中的作用。村委会作为政府与农民之间的桥梁，能向政府表达农民对农业基础设施的真实需求。村委会在组织农民参与农业基础设施供给方面有优势，如果村委会不作为，那么村庄农业基础设施难以供给，在村委会的组织协调下，村庄才有可能供给农业生产所需的农业基础设施。在村庄发生大规模农地流转时，村委会可以和专业大户、农业企业、农民专业合作社合作争取资金用于村庄农业基础设施供给，监督农业企业、合作社把政府投资真正用于村庄农业基础设施供给，提升村庄农业基础设施的供给绩效。同时，农地流转也不是实现村庄集体行动的唯一方式，应利用村庄中的社会关系网络、权威人物的威望等实现村庄集体行动的方式，应通过制度创新吸引村庄成员参与集体行动，以深化对村庄农业基础设施供给方式的改革。

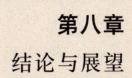

第八章
结论与展望

第一节 主要结论

本书在全面梳理基础设施与经济发展的相关研究的基础上，先结合公共产品模型评估了灌溉设施、农村公路对我国省级农业经济增长的影响。随后，总结归纳灌溉设施、农村公路对农业生产效应的作用机制，从经济学的视角明确农村基础设施对农业发展影响的主要体现，并从技术效率、生产成本和种植业结构等方面进行了实证分析。

农业基础设施作为农业经济发展的"先行资本"，一直以来引起了政府和学术界的高度关注，在我国当前粮食安全受到严峻考验，同时又面临农业供给侧结构性改革和实施乡村振兴战略的大背景下，关于科学建设农业基础设施保障国家粮食安全的研究显得尤为重要。本书在全面梳理农业基础设施与粮食增产相关研究的基础上，创新性地从宏观和微观两个视角分析了农业基础设施对粮食增产的作用机制，并构建了一个包括"总体效应—长期与短期效应—类型差异效应—区域差异效应—项目覆盖效应"的"五位一体"的效应评估框架。通过对这五个方面实证分析，得到如下几点研究结论与启示。

一、农业基础设施建设对我国粮食生产存在较显著的正向影响

依托农业基础设施建设对我国粮食生产的总体效应评估，可知：首先，农业基础设施能够较显著地促进粮食增产，农业基础设施与粮食产出间存在较显著的正相关性；其次，从粮食增产视角来说，农业基础设施投入在粮食主产区和产销平衡区具有较高的效率，而在粮食主销区则效率低下。因此，本书认为，应逐步加大对农业基础设施的有效供给，进而提高粮食综合生产能力；同时应在投资建设以保障粮食安全为目标的农业基础设施时，做好区域优先次序

规划，公共投入优先粮食主产区，之后才是产销平衡区；应提高农业基础设施的管护水平，延长农业基础设施促进粮食增产的年限。

二、农业基础设施建设对我国粮食生产的影响存在地域差异性

20 世纪 90 年代以来，我国各级政府部门均加大了灌溉设施、公路设施等基础设施投资，这种投资对面临农业边际收益下降、生产所需资源匮乏、环境破坏和污染加剧的农业和农村可持续发展意义深刻。运用面板回归模型分析灌溉设施、以等级公路为主的农村公路、等外公路农业基础设施变量对 2000—2021 年我国及其东、中、西部地区粮食生产的影响，结果表明：灌溉设施、等外公路、等级公路对我国农业 GDP 有正向促进作用，其中，灌溉设施、等级公路、等外公路的作用在地区层面分别体现在中部地区、西部地区、东部地区。因此，采取国家层面重点投资中部地区的灌溉设施、西部地区的等级公路，地区通过制度层面的激励措施引导东部地区各级政府、社会集体组织或个人投资等外公路建设，这有助于促进我国粮食增产提效。

三、农业基础设施通过对其他要素的替代与互补促进了粮食增产

基于 2000—2021 年我国省级面板数据，分析灌溉设施、农村公路对农业生产要素投入的替代效应或互补效应，并将粮食生产影响因素分解为技术进步、规模经济、灌溉设施的贡献、农村公路的贡献四个部分。研究结果表明：灌溉设施、农村公路对农业生产过程中的劳动力、固定资本分别具有替代效应和互补效应，降低了以劳动力和固定资本为主要组成部分的省级农业生产成本；灌溉设施和农村公路促进了粮食增产，且农村公路的作用较大。这意味着加强灌溉设施、农村公路的建设有利于促进粮食生产过程中固定资本对劳动力的替代，优化了生产要素投入组合，提高了粮食产量。

四、农业基础设施对省级种植结构的影响存在地区差异性

基于 2000—2021 年除香港、澳门和台湾外的全国 31 个省（自治区、直辖市）面板数据，分析灌溉设施、农村公路、等级公路对我国及其东、中、西部地区种植结构的影响。研究结果表明：等级公路降低了中国粮食作物的种植比例；在地区层面，等级公路对东、西部和中部的粮食作物种植分别有负向作用和正向作用；灌溉设施降低了中部地区粮食作物种植比例；农村公路降低了

中、西部地区粮食作物的种植。为此，以基础设施建设作为保障我国粮食安全的一般服务支持措施，重点在东、西部地区建设农村公路，并将建设力度适度向西部倾斜；在中部地区，通过转移富余农业劳动力，实现农业种植的规模化经营和粮食作物种植面积的提高或稳定。

第二节 研究展望

本书通过基于2000—2021年我国省级面板数据实证研究与基于我国农业基础设施现状和需求的规范研究，得出部分研究结论，并借鉴其他国家和地区的经验，探析了针对农村公路和灌溉设施的政策框架。但是，囿于主观原因和客观条件限制，本书仍存在一定的不足，有待今后进一步加大研究力度。

在分析农业基础设施对粮食增产的生产效应中，还有待从以下方面深入研究：①没有将地区经济发展状况、时间趋势等影响基础设施生产效应的因素纳入计量模型；②小型农田灌溉设施是未来我国灌溉设施的重点领域，本书未具体测算小型农田灌溉设施对粮食增产的贡献。

生产成本只是农业基础设施对粮食生产影响的一个方面，尚有待从以下方面深入研究：①利润是农业可持续发展的生命线，其由成本和收益共同决定，本书未能分析农业基础设施对粮食生产利润的影响；②根据农业基础设施的不同种类，从微观视角分析其对不同产业生产的影响，有利于降低遗漏重要变量的风险。但由于缺乏农户数据，本书未能从微观层面分析农业基础设施对微观生产者成本的影响。

完善的灌溉设施硬件是农业内部、其他非农产业与全社会有效分配和利用的前提条件。在分析基础设施对种植结构影响过程中，还有待从以下方面深入研究：①没有从农户层面考察基础设施对种植结构的影响。在种植结构调整过程中，作为决策主体农户的行为受到内部因素、外部因素及技术因素等影响，本书未能具体探讨农户层面行为的影响因素；②忽略了气候变化对种植业结构的直接或间接影响。气候变化导致的平均降水量、季节性分布、水源酸碱度等灌溉条件的变化也会引发种植业结构调整。此外，高温、暴雨等气候变化加速基础设施的损坏或折旧，也间接影响了农业种植结构的调整，本书未能将气候条件变化对种植结构的影响考虑进来。

参考文献

安第斯发展集团，2011. 未来之路：拉丁美洲基础设施管理［M］. 北京：当代世界出版社．

安虎森，2009. 新经济地理学原理［M］. 北京：经济科学出版社．

鲍国良，姚蔚，2019. 我国粮食生产现状及面临的主要风险［J］. 华南农业大学学报（社会科学版）（6）：111-120.

布坎南，2017. 公共物品的需求与供给［J］. 马珺，译．上海：上海人民出版社．

蔡昉，林毅夫，2003. 中国经济：改革与发展［M］. 北京：中国财政经济出版社．

蔡昉，王德文，都阳，2008. 中国农村改革与变迁：30 年历程和经验分析［M］. 上海：格致出版社．

曹文明，胡海波，黄飞，2017. 中国农业基础设施的规模效应及其区域差异研究［J］. 财经理论与实践（4）：121-126.

柴盈，2008. 农业基础设施建设的一个制度分析框架：以中国封建时期灌溉设施建设为例［J］. 中国农村观察（1）：19-30，80.

柴盈，2009a. 交易成本与中国农村的基础设施治理结构选择：以灌溉、电力、公路和饮用水设施为例［J］. 中国农村观察（1）：22-32，50.

柴盈，2009b. 中国农村基础设施治理与供给制度创新研究［M］. 北京：经济科学出版社．

陈俊明，2008. 政府：现阶段农村基础设施建设的主导主体［J］. 贵州财经学院学报（4）：8-12.

陈磊，伏玉林，苏畅，2012. 我国公共基础设施的规模效应及结构效应分析：基于 2010 的制造业行业数据［J］. 上海经济研究（5）：98-105.

陈锡文，2016. 落实发展新理念，破解农业新难题［J］. 农业经济问题（3）：4-10.

陈晓明，王程龙，薄瑞，2016. 中国农药使用现状及对策建议［J］. 农药科学与管理（2）：4-8.

陈振明，2005. 公共管理学［M］. 北京：中国人民大学出版社．

邓晓兰，鄢伟波，2018. 农村基础设施对农业全要素生产率的影响研究［J］. 财贸研究（4）：36-45.

董朝阳，马晓利，2017. 农村水利建设存在的问题与对策研究［J］. 人力资源管理（9）：255-256.

董晓霞，黄季焜，Scott Rozelle，等，2006. 地理区位、交通基础设施与种植业结构调整研究［J］. 管理世界（9）：59-63，79.

杜志雄，韩磊，2020. 供给侧生产端变化对中国粮食安全的影响研究［J］. 中国农村经济（4）：2-14.

樊胜根，张玉梅，陈志钢，2019. 逆全球化和全球粮食安全思考［J］. 农业经济问题（3）：4-10.

樊祥成，2018. 我国农业基础设施建设政策的演变与发展：以中央 1 号文件为中心的考察［J］. 青海社会科学（6）：78-84.

高维龙，李士梅，胡续楠，2021. 粮食产业高质量发展创新驱动机制分析：基于全要素生产率时空演化视角［J］. 当代经济管理（11）：53-64.

郭珍，2015. 农业基础设施供给绩效评价［D］. 长沙：湖南农业大学.

郭珍，曾福生，2013. 农业基础设施资本存量估算及地区差距测度［J］. 西北农林科技大学学报（社会科学版）（6）：91-96.

郭珍，曾福生，2014. 农业基础设施供给不足的根源与破解［J］. 江淮论坛（3）：19-23.

郭珍，曾福生，2016. 农业基础设施供给的多中心协同机制研究［J］. 河海大学学报（哲学社会科学版）（2）：48-53，90.

海文静，刘学录，任君，2018. 土地整治中新增耕地认定及有效耕地面积测算［J］. 云南农业大学学报（自然科学）（3）：539-546.

韩长赋，2014. 全面实施新形势下国家粮食安全战略［J］. 求是（19）：27-30.

何军，王越，2016. 以基础设施建设为主要内容的农业供给侧结构性改革［J］. 南京农业大学学报（社会科学版）（6）：6-13，152.

何平均，彭沛，2016. 协同视角下农业基础设施投资的"三维"机制研究［J］. 经济论坛（11）：78-81，92.

胡煌，李红昌，2015. 交通枢纽等级的测度及其空间溢出效应：基于中国城市面板数据的空间计量分析［J］. 中国工业经济（5）：32-43.

胡新艳，王梦婷，吴小立，2018. 要素配置与农业规模经营发展：一个分工维度的考察［J］. 贵州社会科学（11）：149-154.

黄恒学，高桂芳，郭喜，2009. 公共经济学［M］. 2 版. 北京：北京大学出版社.

黄宗智，2010. 中国的隐形农业革命［M］. 北京：法律出版社.

贾立，石倩，黄馨，2011. 农村金融发展对农村基础设施建设支持效应的分析［J］. 农业技术经济（11）：34-44.

姜涛，2012. 农村基础设施公共投资与农业增长：基于省际面板数据的例证［J］. 经济与管理（7）：24-28.

匡远配，曾福生，2009. 农村基础设施建设的投资模式选择 [J]. 兰州学刊（2）：127-132.

黎新伍，徐书彬，2020. 基于新发展理念的农业高质量发展水平测度及其空间分布特征研究 [J]. 江西财经大学学报（6）：78-94.

李飞，2016. 中国农业基础设施对农业经济增长的作用机理研究 [D]. 长沙：湖南农业大学.

李飞，曾福生，2016a. 基于空间杜宾模型的农业基础设施空间溢出效应 [J]. 经济地理（6）：142-147.

李飞，曾福生，2016b. 农业基础设施规模效应的门槛特征检验 [J]. 统计与决策（11）：125-128.

李飞，曾福生，2016c. 中国农业基础设施的技术效应：基于 MML 指数和 SYS-GMM 的分析 [J]. 农业技术经济（6）：21-31.

李谷成，尹朝静，吴清华，2015. 农村基础设施建设与农业全要素生产率 [J]. 中南财经政法大学学报（01）：141-147.

李俊睿，王西琴，王雨濛，2018. 农户参与灌溉的行为研究：以河北省石津灌区为例 [J]. 农业技术经济（5）：66-76.

李明文，王振华，张广胜，2020. 农业服务业促进粮食高质量发展了吗？基于 272 个地级市面板数据的门槛回归分析 [J]. 农业技术经济（7）：4-16.

李士梅，高维龙，2019. 要素集聚下我国粮食生产经营制约因素分析 [J]. 农业技术经济（6）：38-45.

李燕，成德宁，郑鹏，2017. 农业基础设施对农业产出的影响及其区域差异：基于 2004—2013 年中国 232 个地级市的分析 [J]. 广东财经大学学报（6）：106-113.

李勇刚，高波，许春招，2013. 晋升激励、土地财政与经济增长的区域差异：基于面板数据联立方程的估计 [J]. 产业经济研究（1）：100-110.

梁双陆，梁巧玲，2017. 市场规模、交通基础设施与经济增长 [J]. 云南财经大学学报（2）：44-60.

廖茂林，许召元，胡翠，喻崇武，2018. 基础设施投资是否还能促进经济增长？基于 1994—2016 年省际面板数据的实证检验 [J]. 管理世界（5）：63-73.

林振德，赵伟，2016. 农村公共基础设施投资区域差异影响因素研究 [J]. 农村经济（1）：88-94.

刘北桦，2014. 强化农业资源持续利用工作积极推动区域农业协调发展 [J]. 中国农业资源与区划（3）：1-5.

刘秉镰，武鹏，刘玉海，2010. 交通基础设施与中国全要素生产率增长：基于省域数据的空间面板计量分析 [J]. 中国工业经济（3）：54-64.

刘超，朱满德，陈其兰，2018. 农业机械化对我国粮食生产的影响：产出效应、结构效应和

外溢效应 [J]. 农业现代化研究 (4)：591-600.

刘生龙，胡鞍钢，2010a. 基础设施的外部性在中国的检验：1988—2007 [J]. 经济研究 (3)：4-15.

刘生龙，胡鞍钢，2010b. 交通基础设施与经济增长：中国区域差距的视角 [J]. 中国工业经济 (4)：14-23.

刘守义，2014. 我国粮食主产区粮食产量波动及增长影响因素分析 [J]. 江西社会科学 (8)：96-100.

刘守英，王瑞民，2019. 农业工业化与服务规模化：理论与经验 [J]. 国际经济评论 (6)：9-23，4.

刘文，2008. 我国农业基础设施建设与管理研究 [D]. 武汉：华中农业大学.

刘笑萍，童伟，2008. 农民渴求与农村基础设施建设排序：北京郊区 32 个村调查 [J]. 改革 (12)：139-143.

刘新，2011. 农业多功能性演化与"三农"问题探究 [J]. 江苏农业科学 (3)：599-601.

刘洋，余国新，2020. 农业社会化服务与农业现代化耦合协调发展研究：以新疆为例 [J]. 经济问题 (8)：99-106.

刘泽莹，韩一军，2020. 乡村振兴战略下粮食供给面临的困境与出路 [J]. 西北农林科技大学学报（社会科学版）(2)：10-18.

刘战伟，2019. 气候变化视角下我国粮食生产率增长及其影响因素分析 [J]. 南方农业学报 (2)：424-431.

刘志彪，凌永辉，2020. 结构转换、全要素生产率与高质量发展 [J]. 管理世界 (7)：15-29.

娄源功，耿明斋，2011. 中原经济区建设总览 [M]. 北京：中国经济出版社.

罗丹，李文明，陈洁，2013. 种粮效益：差异化特征与政策意蕴：基于 3400 个种粮户的调查 [J]. 管理世界 (7)：59-70.

骆永民，樊丽明，2012. 中国农村基础设施增收效应的空间特征：基于空间相关性和空间异质性的实证研究 [J]. 管理世界 (5)：71-87.

马春艳，龚政，李谷成，2020. 政府支持、FDI 与农业技术创新：基于产出与效率的双重视角 [J]. 农林经济管理学报 (1)：24-33.

马培衢，2011. 农业基础设施投入的粮食增产效应研究：以河南为例 [J]. 河南科学 (8)：981-986.

马晓河，刘振中，2011. "十二五"时期农业农村基础设施建设战略研究 [J]. 农业经济问题 (7)：4-9，110.

马子红，谢霄亭，2009. 新农村基础设施建设的投入机制研究 [J]. 农村经济 (9)：90-93.

欧阳艳艳，张光南，2016. 基础设施供给与效率对"中国制造"的影响研究 [J]. 管理世界

（8）：97-109.

潘文卿，2015. 中国区域经济发展：基于空间溢出效应的分析 ［J］. 世界经济 （7）：120-142.

邱士利，2013. 农田水利基础设施建设与粮食产出关系实证研究：以福建省为例 ［J］. 福建论坛 （人文社会科学版）（12）：163-166.

人民论坛编辑部，2015. 习近平 "三农" 思想新观点新要求 ［J］. 人民论坛 （30）：14-15.

人民网，2019. 总书记两会新语 ［EB/OL］. http://cpc. people. com. cn.

戎刚，2002. 基础设施建设的国际经验与融资方式 ［M］. 北京：中国经济出版社 .

施震凯，邵军，浦正宁，2018. 交通基础设施改善与生产率增长：来自铁路大提速的证据 ［J］. 世界经济 （6）：127-151.

世界银行，1994.1994 年世界发展报告：为发展提供基础设施 ［M］. 北京：中国财政经济出版社 .

孙博文，雷明，2018. 市场分割、降成本与高质量发展：一个拓展新经济地理模型分析 ［J］. 改革 （7）：53-63.

谭淑豪，2011. 现行农地经营格局对农业生产成本的影响 ［J］. 农业技术经济 （4）：71-77.

唐华俊，毕于运，2000. 坡耕地梯化：西部农业基础设施建设的重点 ［J］. 中国农业资源与区划 （4）：19-24.

唐祥来，杨娟娟，2012. 农业基础设施建设 PPP 模式的投资激励决策机制 ［J］. 农业技术经济 （10）：112-119.

田野，黄进，安敏，2021. 乡村振兴战略下农业现代化发展效率评价：基于 DEA 超效率与综合嫡值法的联合分析 ［J］. 农业经济问题 （3）：100-113.

佟大建，贾彧，2016. 农业基础设施建设与粮食产量增长实证研究 ［J］. 牡丹江师范学院学报 （哲学社会科学版）（4）：26-31.

汪恭礼，2021. 中国粮食生产面临的困境及高质量发展路径 ［J］. 西华师范大学学报 （哲学社会科学版）（3）：11-18.

汪玉奇，孙育平，甘庆华，2010. 中国发展报告：2011 ［M］. 北京：社会科学文献出版社 .

王冬，边志强，2020. 业供给侧结构性改革能力评估及其增收效应分析：基于新结构经济学的视角 ［J］. 西南民族大学学报 （人文社会科学版）（12）：122-132.

王刚毅，2017. 推进供给侧结构性改革加快现代农业发展：中国农业技术经济学会 2017 年学术研讨会会议综述 ［J］. 农业技术经济 （9）：124-128.

王婕，魏朝富，刘卫平，等，2018. 基于土地整治的山地丘陵区耕地质量潜力测算 ［J］. 西南大学学报 （自然科学版）（7）：122-132.

王丽娅，2006. 民间资本投资基础设施领域研究 ［M］. 北京：中国经济出版社 .

王星，宁小卫，2020. 行动选择与农业规模经营效率：以自主经营型土地股份合作社为案例

［J］. 福建师范大学学报（哲学社会科学版）（2）：54-60，69.

王志刚，申红芳，廖西元，2011. 农业规模经营：从生产环节外包开始：以水稻为例［J］. 中国农村经济（9）：4-12.

韦锋，徐源琴，2020. 农业税减免与农业全要素生产率：来自中国全面取消农业税的证据［J］. 世界农业（12）：87-97.

温铁军，张林秀，2011. 社会主义新农村的基础设施建设与管理问题研究［M］. 北京：科学出版社.

吴清华，李谷成，周晓时，等，2015. 基础设施、农业区位与种植业结构调整：基于1995—2013年省际面板数据的实证［J］. 农业技术经济（3）：25-32.

吴清华，周晓时，冯中朝，2014. 基础设施降低了农业生产成本吗？基于分位数回归方法［J］. 华中农业大学学报（社会科学版）（5）：53-59.

伍骏赛，方师乐，李谷成，等，2017. 中国农业机械化发展水平对粮食产量的空间溢出效应分析：基于跨区作业的视角［J］. 中国农村经济（6）：44-57.

习近平，2013. 汇聚起全面深化改革的强大正能量［N］. 人民日报，2013-11-29.

习近平，2015. 保持战略定力增强发展自信坚持变中求新变中求进变中突破［N］. 人民日报，2015-07-19.

习近平，2015. 依法依规做好耕地占补平衡规范有序推进农村土地流转［N］. 人民日报，2015-05-27.

习近平，2015. 抓住机遇立足优势积极作为系统谋划"十三五"经济社会发展［N］. 人民日报，2015-05-29.

向青，黄季焜，2000. 地下水灌溉系统产权演变和种植业结构调整研究：以河北省为实证的研究［J］. 管理世界（5）：163-168.

肖大伟，李海成，杨德光，2017. 粮食水旱灾害减产评价分析方法及中国粮食减产实证分析［J］. 灾害学（2）：26-31.

谢海军，翟印礼，王巍，2008. 农业机械化与农村经济增长的实证研究：以辽宁省为例［J］. 农机化研究（1）：74-75，82.

谢里，曹清峰，隋杨，2011. 公共投资与全要素生产率：基于中国省际数据的经验研究［J］. 财经理论与实践（4）：99-103.

谢小蓉，李雪，2014. 农业基础设施与粮食生产能力的实证研究：吉林省例证 1989—2012年［J］. 学术研究（7）：91-97，160.

新华社，2016. 习近平总书记关于农业问题重要讲话引热议——稳定粮食产能发展现代农业［EB/OL］. https://www.sohu.com/a/63193838_162522.

新华社，2016. 中央农村工作会议在京召开 习近平对做好"三农"工作作出重要指示［EB/OL］. https://www.gov.cn/xinwen/2021-12/26/content_5664691.htm? jump=true.

辛岭，高睿璞，蒋和平，2018. 我国粮食主产区粮食综合生产能力评价［J］. 中国农业资源与区划（9）：37-45.

辛毅，2006. 农业生产成本与农村基础设施建设相关性的理论与实证分析［J］. 价格理论与实践（7）：46-47.

亚洲开发银行研究院，2012. 亚洲基础设施建设［M］. 北京：社会科学文献出版社.

杨东群，王克军，蒋和平，2018. 粮食减产影响我国粮食安全的分析与政策建议［J］. 经济学家（12）：71-80.

杨国永，许文兴，2015. 耕地抛荒及其治理：文献述评与研究展望［J］. 中国农业大学学报（5）：279-288.

尹成杰，2005. 关于提高粮食综合生产能力的思考［J］. 农业经济问题（11）：5-10，79.

尹琴，郑瑞强，戴志强，2021. 推进农业高质量发展接续脱贫攻坚与乡村振兴：第三届乡村振兴论坛综述［J］. 农林经济管理学报（1）：138-144.

虞洪，2020. 双重结构转型对全国粮食安全的影响及对策研究［J］. 农村经济（4）：10-16.

曾福生，蔡保忠，2018. 农村基础设施是实现乡村振兴战略的基础［J］. 农业经济问题（7）：88-95.

曾福生，郭珍，高鸣，2014. 中国农业基础设施投资效率及其收敛性分析：基于资源约束视角下的实证研究［J］. 管理世界（8）：173-174.

曾福生，李飞，2015. 农业基础设施对粮食生产的成本节约效应估算：基于似无相关回归方法［J］. 中国农村经济（6）：4-12，22.

张超正，杨钢桥，2020. 农地细碎化、耕地质量对水稻生产效率的影响［J］. 华中农业大学学报（社会科学版）（12）：134-165，169.

张敦富，2005. 区域经济学原理［M］. 北京：中国轻工业出版社.

张光南，宋冉，2013. 中国交通对"中国制造"的要素投入影响研究［J］. 经济研究（7）：63-75.

张浩然，衣保中，2012. 基础设施、空间溢出与区域全要素生产率：基于中国 266 个城市空间面板杜宾模型的经验研究［J］. 经济学家（2）：61-67.

张红宇，李冠佑，杨洁梅，2011. 加快推进农业基础设施建设的重点领域与政策思路［J］. 农村经济（6）：6-8.

张晋科，张凤荣，张琳，等，2006. 中国耕地的粮食生产能力与粮食产量对比研究［J］. 中国农业科学（11）：2278-2285.

张林，董千里，申亮，2015. 交通基础设施影响下的物流业与区域经济的关联研究［J］. 技术经济与管理研究（1）：112-116.

张士云，姚升，蒋和平，等，2010. 粮食主产区农村公共产品投入对农业增长的影响分析［J］. 农业经济问题（4）：70-74，111-112.

张伟，2005. 城市基础设施投融资研究 [M]. 北京：高等教育出版社.

张学昌，2016. 农业基础设施投资的 PPP 模式：问题、框架与路径 [J]. 农村经济 (9)：98-103.

张学良，2012. 中国交通基础设施促进了区域经济增长吗？兼论交通基础设施的空间溢出效应 [J]. 中国社会科学 (3)：60-77，206.

张学良，李俊奎，2011. 粮食综合生产能力与国家粮食安全 [J]. 湖南师范大学社会科学学报 (6)：107-110.

张勋，万广华，2016. 中国的农村基础设施促进了包容性增长吗？[J]. 经济研究 (10)：82-96.

张勋，王旭，万广华，等，2018. 交通基础设施促进经济增长的一个综合框架 [J]. 经济研究 (1)：50-64.

赵波，2011. 中国粮食主产区利益补偿机制的构建与完善 [J]. 中国人口·资源与环境 (1)：85-90.

赵杰，刘帅，2013. 吉林省农业基础设施与粮食生产关系的实证分析 [J]. 当代生态农业 (增刊1)：45-50.

赵映慧，郭晶鹏，毛克彪，等，2017. 1949—2015 年中国典型自然灾害及粮食灾损特征 [J]. 地理学报 (7)：1261-1276.

郑风田，董筱丹，温铁军，2010. 农村基础设施投资体制改革的"双重两难" [J]. 贵州社会科学 (7)：4-14.

中共中央文献研究室，2014. 十八大以来重要文献选编（上）[M]. 北京：中央文献出版社.

钟甫宁，2016. 正确认识粮食安全和农业劳动力成本问题 [J]. 农业经济问题 (1)：4-9，110.

周曙东，2012. 农业技术经济 [M]. 北京：中国农业出版社.

朱晶，晋乐，2016. 农业基础设施与粮食生产成本的关联度 [J]. 改革 (11)：74-84.

朱晶，晋乐，2017. 农业基础设施、粮食生产成本与国际竞争力：基于全要素生产率的实证检验 [J]. 农业技术经济 (10)：14-24.

卓乐，曾福生，2018. 农村基础设施对粮食全要素生产率的影响 [J]. 农业技术经济 (11)：92-101.

左大培，杨春学，2007. 经济增长理论模型的内生化历程 [M]. 北京：中国经济出版社.

Adel heid Holl，2004. Manufacturing location and impacts of road transport infrastructure：empirical evidence from Spain [J]. Regional Science and Urban Economics (3)：341-363.

Amstrong W，1985，Megee TG：Theatres of Accmnulation：Studies in Asian and Latin. American Urbanization. London [M]. New York：Methuen.

Amy Tang，Nicola Chiara，John E. Taylor，et al.，2012. FinancingRenewable Energy Infrastructure: Formulation, Pricing and Impact of a Carbon Revenue Bond [J]. Energu Policy (6): 691-703.

Andrew R Haughwout, 2002. Public infrastructure investments, productivity and welfare in fixed geographic areas [J]. Journal of Public Economics (83): 405-428.

B. Ashui, H. Kashani, K.R. Milenaar, et al., 2012. Risk-Neutral Pricing Approach for E-valuating BOT Highway Projects with Government Minimum Revenue Guaran-tee Options [J]. Journal of Construction Engineering and Management (4): 545-557.

Bay liss, Wae yenberge, 2018. Unpacking the public private partnership revival [J]. The Journal of Development Studies (4): 577-593.

C. K. Seung and D. S. Kraybill, 2001. The Effects of Infrastructure Investment: A Two Sector Dynamic Computable General Equilibrium Analysis for Ohio [J]. International Regional Science Review (2): 261-281.

Calderon C, Moral-Benito E, Serven L, 2011. Is infrastructure capital productive? A dynamic heterogeneous approach [M]. The World Bank.

Chang, Miao, 2018. Urban Water Investment and Financing in China [J]. Water21 (10): 14-18.

Cheng-Gang Li, 2016. Empirical analysis of the dynamic relationship between urbanization and Financial development in Guizhou Province, China [J]. Journal of Discrete Mathematical Sciences & Cryptography (3): 811-820.

Comtois C. Armstrong, Warwick et McGee, T. G., 1987. Theatres of Accumulation: Studies in Asian and Latin American Urbanization. London and New York, Methuen Publications, 1985, 285 p. [J]. Cahiers De Géographie De Québec.

Dava Dornbirer, 2012. Creative Financing Tools to Fund Water Infrustructive [J]. Waterworld (6): 36-43.

E. kumankama, et al., 2018. Managing Urban Cities in Nigeria Efficiently by Local Councils: The Capital Market Option [J]. Management Science and Engineering (4): 1140-1172.

Egbetokun, O. A, 2009. Provision of rural infrastructures in Oyo state of Nigeria [J]. Journal of Agricultural Sustainable Practice (4): 69-79.

Farrow, A. Larrea, C. Hymanand Lema. G, 2005. Exploring the Spatial Variation of Food Poverty in Ecuador [J]. Food Policy (25): 203-214.

Fen-May Liou, Chih-Pin Huang, Borliang Chen, et al., 2012. Modeling Government Subsidies and Project Risk for Financially Non-Viable Build-Operate-Transfer (BOT) Projects [J]. Engineering Management Journal (1): 58-64.

Gandoldsmith, Raymond, 2018. Financial Structure and Development [M]. New Haven. CT:

Yale University Press.

Hum phreys, vander Kerk, Fonseca, 2018. its practical challenges forsmall towns [J]. Public finance for water infrastructure development andWater Policy (1): 256-280.

Ignacio Lozano-Espiti and Lina Ma. Ramirez-Villegas, 2016. How Productive is Rural Infrastructure? Evidence on Some Agricultural Crops in Colombia [M]. Banco de la Republica de Colombia.

Iossa, Martimort, 2015. The simple microeconomics of public private partner-ships [J]. Journal of Public Economic Theory (1): 4-48.

Kamps Christophe, 2005. Is There a Lack of Public Capital in the European Union? [J]. European Investment Bank Papers (1): 73-93.

Kasri, Wibowo, 2015. Determinants of public private partnerships in infrastructure provision: Evidence from muslim developing countries [J]. Journal of Economic Cooperation &. Development (2): 1-34.

Kawsar, Muhammad Abu, 2012. Urbanization, Economic Development and In-Equality [M]. Bangladesh Research Publications Journal.

Keers, van Fenema, 2018. Managing risks in public-private partnership formation projects [J]. International Journal of Project Management (6): 861-875.

Koves di, Albert, 2012. The Public Balance of Transport in Hungary 2004-2010 [J]. Procedia-Social and Behavioral Sciences (12): 135-158.

Mizutani, T. Tanaka, 2010. Productivity effects and determinants public infrastru-Cture investment [J]. The Annals of Regional Science (10): 493-521.

Myers, S. C. , Majluf, et al. , 2018. Corporate Financing and Investment Decisions When Firms Have Information that Investors Do Not Have [J]. Journal of Financial Economics (13): 93-115.

Nina Czernich, Oliver Falck, et al. , 2011. Boradband Infrastructure and Economic Growtth [J]. The Eonomic Journal (5): 505-532.

Nurkse, 1953. The Problem of Capital Formation in Less Developed Countries [M]. Cambridge: Oxford University Press.

Qureshi, 2017. The Global Infrastructure Challenge and the Role of G20 and BRICS [J]. International Organisations Research Journal (2): 164-177.

Renana Peres, Eitan Muller, Vijay Mahajan, 2020. Innovation diffusion and new product growth models: A critical review and research directions [J]. International Journal of Research in Marketing (6): 1240-1270.

Ross, Yan, 2015. Comparing Public Private Partnerships and Traditional Public Procurement: Efficiency vs. Flexibility [J]. Journal of Comparative Policy Analysis Research & Practice (5): 448-466.

Rostow W, 1960. The Stages of Economic Growth: A Non-Communist Manifesto [M]. Cambridge: Cambridge University Press.

Ryan Schmitt, 2012. Fighting for Financing Tools for Our Aging Infrastructure [J]. Trenchless Technology (8): 82.

S. M. Helfand, E. S. Levine, 2004. Farm size and the Determinants of Productive Efficiency in the Brazilian Center-West [J]. Agricultural Economics (9): 241-249.

Seong-Hoon Cho, Junjie Wu, William G. Boggess, 2018. Measurlnginteractions among urbanization, land use regulations, and public finance [J]. American Journal of Agricultural Economics (5): 988-999.

Sherkulovich, 2015. Infrastructure and Economic Growth [J]. Policy Research Working Paper (2): 121-133.

Trebilcock, Rosenstock, 2015. Infrastructure Public Private Partnerships in the Developing World: Lessons from Recent Experience [J]. Journal of Development Studies (4): 335-354.

Valila, 2005. How expensive are cost savings? On the economics of public private partnerships [J]. EIB papers (1): 95-119.

Vijaya G. Duggal, Cynthia Saltzman, Lawrence R. Klein, 2007. Infrastructure and productivity: An extension to private infrastructure and IT productivity [J]. Journal of Econometrics (2): 485-502.

Wang De, 2009. Study on Urban Infrastructure Development Financing in China [J]. China City Planning Review (3): 19-23.

Wilkinson, et al., 2013. Understanding leading as travelling practices [J]. School Leadership & Management (3): 224-239.

World Bank, 2008. World Development Report2008: Agriculture for Development [M]. Washington D. C.: World Bank.

Yongjian Ke, Shouqing Wang, Albert P. C. Chan, et al., 2012. Risk Management Practice in China's Public-Privat Partnership Projects [J]. Journal of Civil Engineering and Management (5): 675-684.

Young, A., 2003. Gold into Base Metals: Productivity Growth in the People's Re-Public of China during the Reform Period [J]. Journal of Political Economy (6): 1220-1260.

图书在版编目（CIP）数据

粮食安全战略下农业基础设施建设对粮食增产效应的研究 / 孙志娟著 . —北京：中国农业出版社，2024.3
（中国粮食经济与安全丛书）
ISBN 978-7-109-31773-4

Ⅰ.①粮… Ⅱ.①孙… Ⅲ.①农村－基础设施建设－影响－粮食增产－研究－中国 Ⅳ.①F323

中国国家版本馆 CIP 数据核字（2024）第 051363 号

粮食安全战略下农业基础设施建设对粮食增产效应的研究
LIANGSHI ANQUAN ZHANLÜE XIA NONGYE JICHU SHESHI JIANSHE DUI
LIANGSHI ZENGCHAN XIAOYING DE YANJIU

中国农业出版社出版
地址：北京市朝阳区麦子店街 18 号楼
邮编：100125
责任编辑：潘洪洋　王佳欣
版式设计：杜　然　责任校对：吴丽婷
印刷：北京通州皇家印刷厂
版次：2024 年 3 月第 1 版
印次：2024 年 3 月北京第 1 次印刷
发行：新华书店北京发行所
开本：720mm×960mm　1/16
印张：12.25
字数：206 千字
定价：72.00 元